100个日本

[意]奥奈拉·席瓦尔第 [英]加文·布莱尔 著
[日]大谷绫乃 绘
邵倩兰 译

BH
天津出版传媒集团
百花文艺出版社

图书在版编目（C I P）数据

100个日本 / (意) 奥奈拉 · 席瓦尔第, (英) 加文 · 布莱尔著 ; (日) 大谷绫乃绘 ; 邵倩兰译. -- 天津 : 百花文艺出版社, 2021.4
ISBN 978-7-5306-8080-3

Ⅰ. ①1… Ⅱ. ①奥… ②加… ③大… ④邵… Ⅲ. ①文化研究－日本 Ⅳ. ①G131.3

中国版本图书馆CIP数据核字(2021)第060222号

100个日本

100 GE RIBEN

[意]奥奈拉 · 席瓦尔第　[英]加文 · 布莱尔　著
[日]大谷绫乃　绘
邵倩兰　译

出 版 人：薛印胜
选题策划：唐冠群　胡晓童
责任编辑：张　雪　**特约编辑：**孟令堃
封面设计：陈旭麟@AllenChan_cxl
出版发行：百花文艺出版社
地址：天津市和平区西康路35号　**邮编：**300051
电话传真：+86-22-23332651（发行部）
+86-22-23332656（总编室）
+86-22-23332478（邮购部）
网址：http://www.baihuawenyi.com
印刷：天津创先河普业印刷有限公司
开本：787×1092毫米　1/16
字数：60千字
印张：14.5
版次：2021年4月第1版
印次：2021年4月第1次印刷
定价：128.00元

宴の花
立てば芍薬
座れば牡丹
歩く姿は百合の花
立如芍药，坐如牡丹，行走如百合花

目录

目次

1 阿伊努人

与日本的其他民族相比，阿伊努人鲜为人知，但他们遭受了如世界大多数土著民族一样的命运：土地被占领、被奴役，语言和文化被破坏。在日本人（大和族）统治这片土地之前几千年，阿伊努人占据着本州岛北部地区、北海道地区和千岛群岛。到了15世纪，日本人把阿伊努人赶向了北方，将其限制在北海道以内。日本人的到来还带来了多种疾病，这导致了阿伊努人的大量死亡。

从遗传学来说，阿伊努人是中国西藏、安达曼、缅甸北部和冲绳人的后裔。他们的肤色通常较浅，眼睛较大。在生活习性上，阿伊努人以打猎和采集为生，住在茅草屋建成的村庄里，身穿用榆树皮编织成的衣服，冬天还会穿驯鹿皮制成的紧身衣。根据阿伊努人的传

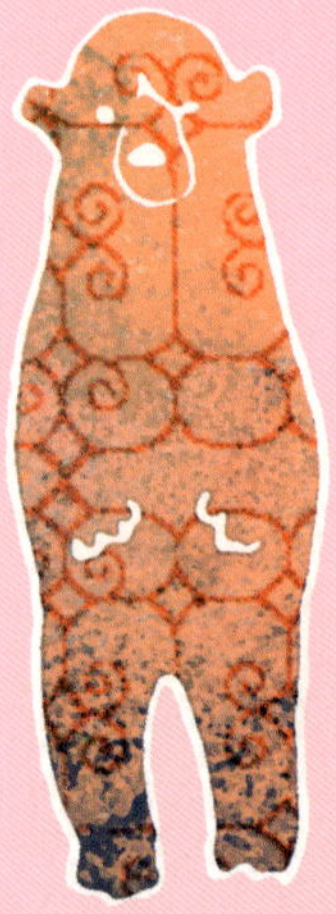

统，男人从不刮胡子，女人则会在前臂或是嘴边文身。他们认为万物皆有灵性，熊是最受他们尊敬的动物。

16 世纪开始，日本人占领了北海道，吞并了阿伊努人的土地，并逐渐消灭了他们的文化。1869 年，日本人又对其进行了纯粹而简单的侵略——通过立法禁止他们的语言、文身等文化习俗，迫使阿伊努人同化。直到 1997 年，这项法案才被废除。2008 年，阿伊努人最终被日本认定为土著人。

2019 年 2 月，日本颁布的一项法律开始承认土著文化，并采取措施对其予以保护。由于害怕受到歧视，许多阿伊努人隐瞒了自己的出身，只有不到 2 万人承认自己是阿伊努人，但实际数字应该要比这高出 10 倍。尽管只有一小部分人还在说阿伊努语，但人们正努力使这门濒临绝迹的语言复活。

アイヌ

2 动画

在世界各地，“アニメ /Anime”一词指的是日本的动画电影和电视剧系列。而在日本，“アニメ”则是所有动画作品的总称，主题从青少年趣事到忍者养成，再到充满哲学色彩的反乌托邦史诗故事，应有尽有。

日本动画诞生的历史可以追溯到1917年的《钝刀》，甚至更早之前。1923年的关东大地震摧毁了东京的大部分地区，动画这一新兴的产业也因此遭到重创。1948年，当今最大的电影公司之一的东映株式会社成立。除了《龙珠》《美少女战士》等优秀动画作品外，东映还在导演手冢治虫、松本零士以及吉卜力工作室创始人宫崎骏和高畑勋的职业生涯中发挥了重要作用。

手冢治虫的代表作动画电视剧《铁臂阿童木》于1963年开播，它开创了漫画改编的潮流，使以机器人和太空为主题的动画变得流行起来。其他类型的动画电影大多诞生于20世纪60年代，例如以《海螺小姐》为代表的家庭故事作品，该系列周播动画总计播出超过7500集，创造了世界纪录，成为动画产业的重要学派。

20 世纪七八十年代，机器人和太空相结合的动画越来越受欢迎，《机动战士高达》便是代表作之一。1988 年，由吉卜力工作室高畑勋执导的《萤火虫之墓》和大友克洋执导的末日幻想类作品《阿基拉》同时上映，动画也开始通过战争等元素涉猎更广阔的领域。

アニメ

- 1995 年，两部具有划时代意义的作品出现，庵野秀明雄心勃勃地推出了《新世纪福音战士》，重新定义了机器人电影；押井守推出了《攻壳机动队》，这是一部充满存在主义问题的经典之作。
- 20 世纪 90 年代到 21 世纪初，吉卜力工作室凭借宫崎骏的《幽灵公主》（1997）征服了世界。其后又上映了《千与千寻》，该片为他赢得了奥斯卡最佳动画电影奖并创造了日本票房最高纪录。如今，日本整个动画产业价值达到了 2 万亿日元。

3 便当

便当，从某种角度说，意为装在盒子里的快餐。在日本文化中，这个盒子有着比它的功能更深层的含义，这就是为什么它的前面经常会加上表示“尊敬”的前缀“お /o”，变成“お弁当 /obento”的原因。

“便当”一词确切的起源尚不清楚，但这个词从 13 世纪便开始使用。从 16 世纪起，这个词则更多用于指代漆器盒。几个世纪以来，日本人在赏樱、观赏能剧和歌舞伎表演的间隙都喜欢食用便当。

在当代社会，便当的食用者主要是学生和上班族。在家里制作的便当不仅是一种营养均衡、美味的食物，准备便当之人更是通过这种方式表达了他们的情感。制作便当的任务几乎全部由女性完成，在高强度的社会压力之下，虽然便当在便利店随处可见，但她们仍旧每天都要亲手制作爱心便当。近年来，越来越多的女性开始进入职场，为此，许多女性不得不早起为孩子和丈夫准备便当。

便当盒的形状多样，大小不一，上面不光印有漫画人物或儿童动画的图案，甚至还能参照流行文化中角色的模样，将里面的食物制成角色便当。

弁当

饭团

饭团是构成便当的基础，由捏成团的米饭，加入蔬菜、鱼或肉，外面包裹海苔制成。这可能是最接近欧洲人食用的三明治的食物，时常可以在便当中发现其身影。

铁路便当

从名称可以看出，“铁路便当”是一种在火车站出售，供乘客在列车上食用的便当。第一批铁路便当于1885年在宇都宫开往东京上野站的列车上出售。如今，铁路便当已经成为火车旅行不可或缺的一部分。

铁路便当

精选北海道小樽蟹，肉量十足的豪华便当！！

4 盆栽

微型盆景树的种植起源于中国，于一千多年前流传到日本，是由传播禅宗基础知识的僧侣们带来的。直到几个世纪后，“盆栽”（即种植在盆中的植物）这一术语才在日本被使用，并很快凭借日本本土新颖的美学元素得以完善和丰富。

最早的盆景爱好者是禅僧，他们将自己新生的哲学原理应用到这种新的艺术表现形式中——盆景文化的不对称性、自然形成的不完美以及接受盆景文化是一个需要长期持续关注的过程，这些都体现了禅宗的思想。

日本盆景最早种植的都是普通树种，而该艺术在中国诞生时，栽种的是矮生品种，通过修剪、移植、安插铁丝等人工干预手段以获得所需的形状。

盆景艺术最初是上流社会的专利，后来才在日本全国范围内流行开来。盆景如今被誉为日本的国宝，最著名的盆景之一已经在日本皇室存活了几个世纪。

盆石

盆石（ぼんせき /bonseki）是盆景的“亲戚”，两者共有的元素是第一个字“盆（ぼん）”，第二个字“石（せき）”则是指“岩石”。盆石，即置于漆盘内的由沙砾和岩石构成的微型景观。

苔玉

这个词来源于盆景，指的是一种用苔藓覆盖种着植物的部分土壤并将该部分做成球形的盆栽。

盆石和苔玉流传已久，就像盆景一样，反映了禅宗中所说的“侘寂”，即“不完美中的完美”。

盆栽

捨身技
真舍身技
足技
足技
内股
内股（绊腿摔）
肩車
肩车（扛肩摔）
払腰
払腰（抱腰摔）
大外刈
大外刈（外绊腿摔
巴投
巴投（仰卧倒蹬腹摔）
上四方固
上四方固（摁住头及胸）
逆十字絞
逆十字绞
谷落
谷落
背負投
背负投
後腰
后腰
腕挫十字固
腕挫十字固

5 武道

虽然世界各地都有自成系统的武术流派，但日本武术的礼节之繁复、仪式之隆重和蕴涵之灵性是无与伦比的。日本武道协会由代表九个不同学科的联盟组成：合气道、柔道、铳剑道、空手道、剑道、弓道、薙刀术、少林寺拳法（由日本武道家宗道臣根据嵩山少林寺古拳法改良而成）和相扑。而这些还没有涵盖这个国家所有的武术种类！

武道（ぶどう /budo）的意思是“战争之道”，正是这个后缀“道”（方式）赋予了日本武术的独特性。日本习武之人认为，练习武道除了能提高武技外，还能获得心灵的平静和对他人的尊重，有利于养成良好的心性，这些远比强健的身体素质重要得多。一个人想要练就完美的武道几乎是不可能的，但他可以在内心以此为目标，并为之不断努力，这样一来，他的收获远比打出一个完美的动作要多得多。

人们常说，柔术是所有武术的起源，柔道和合气道都起源于此，空手道受到柔术“神道扬心流”的影响也颇深。日本曾经有 2000 多所不同的柔术学校，学校里教授学生各种各样的空手或使用兵器的格斗术。

与武士的衰落相呼应的是，习武之人把对技术的关注转向了精神方面（道）。后来，柔道继续发展成为奥运会项目，但却失去了大部分的传统元素，只求取胜，获得奖牌。与此同时，像薙刀术这样的学科幸而没有受到竞赛的影响，则依旧完全致力于技术精进，只追求动作的美感。其他的武术，比如空手道，则处于两极分化的状态：一些练习者和道场专注于比赛，另一些则专注于传统的方法和目标。

道场

练习武道的地点被称为道场，由具有弹力的木地板及道场主墙组成。道场主墙是一堵礼仪墙，训练开始和结束时都要面朝该墙站立鞠躬，训练所需的器械也摆放于此。道场主墙还安放了神龛，通常供奉着武术学校创始人的照片，并放有展示教师家谱的卷轴。

弓道

传统射箭是武道最纯粹的形式之一，因其训练的最终目标集中在超越技术上。话虽如此，但熟练地操控一把 2 米长的直弓需要相当大的力量和控制力。在日本的弓道比赛中，女性参赛者数量往往比其他所有武术都多。

居合道

居合道讲究瞬间拔刀制敌，是一门根植于传统、目标远大的学科。居合道比赛中不能使用真刀，所以，技术上的完善和精神上的升华才是这项运动的核心。

武道

剑道

剑道是一种击剑运动，如今，钢刀被竹刀和其他武器所取代，使练习者能够在不流血的情况下进行猛烈攻击。虽然已经有地区级、国家级和国际锦标赛等诸多级别的赛事，但剑道的重点仍然在于恪守其传统的价值观。

合气道

合气道是日本最新的武术项目之一，由植芝盛平在 20 世纪初创立。这种“能量调和之道”的核心在于借助对手的力量攻击对方。植芝盛平传授这门武术的初衷在于希望促进民族内部和各民族间的和平团结。合气道在某些方面由于缺乏现实意义而受到批评，现在更注重实用性。

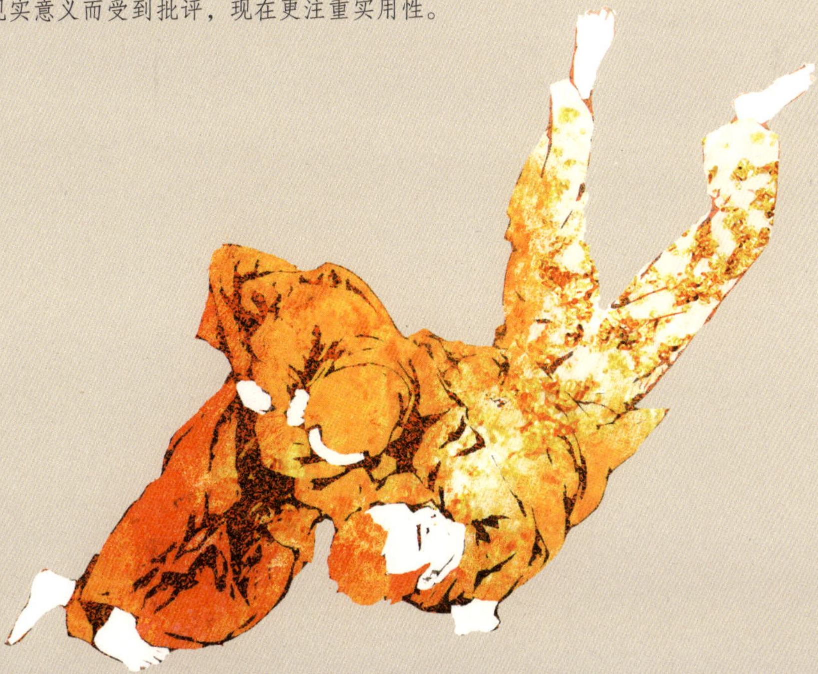

日本木偶戏的奇特之处在于整场演出中木偶演员和由其操纵的大型木偶始终站在舞台上。然而，一旦演出开始，演员们就神奇地消失在故事情节和富有节奏的音乐中，他们站在木偶身后，小心翼翼地操纵着它的一举一动。

文乐木偶剧，也称净琉璃木偶剧，融合了三种艺术：说唱者负责配音叙事，柔和忧郁的三味线（日本传统弦乐器）伴奏烘托了戏剧氛围，木偶演员们则凭借精湛的技巧赋予人偶惊人的表现力。只有当这三种元素得到完美协调时，木偶才能获得灵魂，吸引观众。

6 文乐木偶戏

义理人情

如今大家熟知的文乐木偶戏是在17世纪末由伟大的剧作家近松门左卫门创造的。他的作品经常涉及个人感情（人情）和责任义务（义理）之间的痛苦困境：对武士而言，必须忠于领主，而他们与爱人之间，却又有难以逾越的门第差异。他们的结局通常只有一种，那就是自杀。

心中

这个词的字面意思是“心灵的结合”，但实际上，它包含的是“双双殉情”的含义。当爱情由于命运、社会阶层差异而变得高不可攀时，爱侣们相守一生的唯一方法就是自杀。据江户时代编年史记载，这一时期，自杀首次成为反抗传统权威的方式，因此，文乐木偶戏和歌舞伎受其启发，创作了很多此类故事。

木偶

木偶几乎和真人一般大小，重达20公斤，身着华丽的服装，可以全身活动，还能眨眼睛、皱眉头、张合嘴。

每个木偶由三个人同时操纵。主要表演者操控右臂、头部及眼睛，赋予角色表现力，两名助手则负责操控左臂及双腿。

4月文楽公演
平成27年
4月4日～
4月木偶净瑠璃戏公演
平成27年4月4日
第1部 午前11時開演
第1部 上午11时开演
靭猿
靭猿
吉田玉女改め
吉田玉女修正
襲名披露狂言
袭名披露狂言
卅三間堂棟由来
三十三间堂栋由来
第2部 午後4時開演
第2部 下午4时开演
絵本太功記
绘本太功记
天網島時雨炬燵
天网岛时雨炬燵
伊達娘恋緋鹿子
伊达娘恋绯鹿子
予約開始 预约开始
3月3日 午前10時～ 3月3日上午10时
(電話) 国立文楽劇場チケットセンター
(电话) 国立剧场票务中心
0570(0×)990×
0570 (0×) 990×
窓口販売開始 窗口发售时间
3月4日 3月4日 售票柜台
チケット売場
国立文楽劇場
国立文艺剧场
文楽
人形浄瑠璃 人形净琉璃
文楽
木偶戏

7 部落民

日本通常被认为，或自认为是一个和谐平等的国家，但现实情况要复杂得多。部落民这一群体被主流社会隔离已达几个世纪之久，他们的后代仍在等待着从这种残余的歧视中得到解放。与印度的“贱民”相似，部落民的祖先被指定在江户时代的四个社会种姓之下和之外。

部落民意指“村子里的人”，村子，即他们被迫居住的场所。他们的祖先有两类：一是“秽多”（充满污秽之人），无论是屠夫、制革工人、入殓师还是刽子手，都被神道教和佛教认为是不洁的。二是“非人”，主要包括乞丐、犯过罪的人、妓女和某些艺术家。一个人即便出生时不属于这两类人，也有可能因为犯下重罪而被贬为部落民。“非人”可以被社会地位较高的家庭收养，但“秽多”的命运则永远处于黑暗。

1868年，即使明治维新废除了种姓制度，但部落民仍旧受到歧视。到了20世纪，歧视的情况在日本西部地区尤为常见，立法并没能消除歧视问题。“二战”以后，就业歧视迫使部分部落民成为黑帮成员，他们与移民日本的韩国人一起构成了黑帮的主力。

20 世纪 70 年代起，部落民活跃分子发现，一些公司（包括丰田和本田）购买了部落民名册，拒绝雇佣名册上的人。那时很多的日本家庭里也流传着这份名册，以确保家中成员未来的配偶不是部落民。

如今，这种歧视的现象已经有了很大的改善，日本最富有的富豪之一、“优衣库”品牌的创始人柳井正就属于部落民出身。

部落民

8 武士道

如果说武士被认为是战争史上最神秘、最受尊敬、被研究最多的战士，那么这必须归功于他们的荣誉准则——武士道。这是一套以坚定地忠于大名（其领主）和毫不犹豫地接受死亡为核心的原则。它不仅仅是能否在战场上展现出勇气的问题，而且还要使他们意识到一切事物都是瞬息万变的，一切事物都有创造更美好的生活的可能。武士如果违反了这一荣誉准则，必须用刀切腹自尽，这一过程极其可怕。

武士道，即战士之道，是儒家和佛教禅宗的产物。武士道这个概念最早出现在一千多年前，甚至早于“武士”一词的形成。武士出现在日本战国时代（16至17世纪各国诸侯争霸时期），随着武士势力的逐渐崛起，他们统一并接管了整个日本。武士的地位得到提升，武士道也得以发展。

矛盾的是，最能概括武士道思想的经典《叶隐闻书》是在1600年德川幕府统治下的和平时期写成的，当时，许多武士都成了高级官员，过去传统的武士形象已不复存在。1899年，新渡户稻造的《武士道——日本人的精神》出版，成为新的经典读物，该书由英文写作而成，出版时武士制度已被废除。新渡户稻造总结了武士道的八项美德，即义、勇、仁、礼、诚、名誉、忠义、克己。他认为武士道深刻地塑造了日本现代社会和文化。

《叶隐闻书》

“武士之道在于死亡”，这就是《叶隐闻书》一书的开头。这本格言集总结了武士的荣誉准则，由山本常朝在18世纪初他的大名去世时整理而成。后来，山本常朝剃发出家，为了传播武士道和大和民族的精神，编写了该书。

武士の流儀

武　士　的　做　派

武士道

9 屏风

在传统日本家庭里比较不常见的家具中，屏风占据了特殊的地位。它还是日本宫廷会客厅里必不可少的摆设——可以作为挡板，分隔出私密空间，许多爱情故事和政治阴谋便在这里诞生。后来，屏风在军事贵族的城堡里继续发挥作用，成为可移动的具有装饰性质的华丽屏障，彰显着主人的权力和财富。

一般来说，装饰用屏风多为六扇或八扇，而简单的两扇屏风则常常被置于床边，起到挡风的作用，或是作为茶道插花仪式的装饰物。

无论在哪个朝代，屏风表面的屏风画，一直都是日本画家的首选媒介。多扇面板相连接的特性很适合绘制花卉或动物系列。巨大的开合度方便创作大规模的风景画。六扇屏风通常是成对的，以两种不同的方式呈现同一主题，或是两个相关的主题（不同季节的同一景观，同一故事的连续情节等等）。

14 世纪 50 年代到 17 世纪，是屏风发展的黄金时代，狩野派的艺术家们是幕府将军和最有权势的大名们首选的画家。他们使用大量金箔绘制成造型优雅的动物和植物，满足了雄心勃勃的军阀们的欲望。这些屏风常被摆放在房间明暗交汇之处，金色的背景吸收光线，并将其反射到房间内，使图像的轮廓具有神奇的浮雕效果。

丰臣秀吉的伏见桃山城里，搜集了一百多扇由当时最伟大的艺术家们创作的屏风。据说，他上朝时，一路上的屏风可以绵延 30 公里。

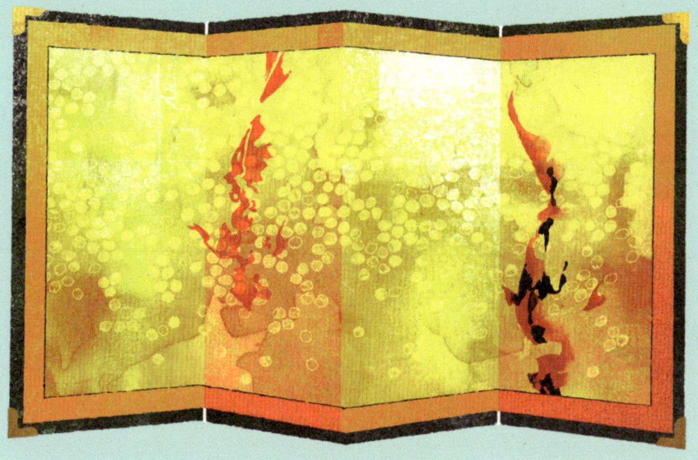

屏風

10 茶道

茶道，不是一种生活技能的练习，而是一种精神修行之道。15 世纪，茶道与禅宗共生发展，借助禅宗形成了自己的精神、目标和审美偏好，成为一种真正的禅修形式。

就像所有的日本传统艺术一样，茶道有一系列固定的、成体系的手势，它披着一层神秘的面纱。客人坐在主人面前，手里拿着喝茶用的瓷器，与主人交流几句，以赞赏瓷器的制作工艺。话语简短而有分寸，没有任何夸张的说辞，生怕打破了宁静的氛围。主礼者稳重克制地按照仪式的顺序准备茶水，并将其呈送给客人。客人弯下腰，将碗置于左手手掌，然后用右手把碗送至唇边。

在整个仪式中，在场的人只短短交流几句，划过宁静的边缘却从未将其打破。这样，一种从每个正确的姿势中体现出来的精神上的和谐就产生了。

茶の湯

茶室

茶室由日本茶道大师千利休于16世纪创立，茶室遵循“小而空”的原则，里面的家具布置也极其简朴。茶室的装饰物包括书法作品，以及通常由花蕾制作的简单插花。

抹茶

在茶道中，使用的通常是一种鲜绿色的茶粉，即抹茶。抹茶带有强烈的草味，饮用时，加少量温水，用茶筅搅拌至产生泡沫即可。

和果子

这种传统的小糕点通常是贵族为茶道准备的，传统的日式和果子较甜腻，可以让味蕾做好迎接苦涩的抹茶的准备，通常由糯米制成，既可以是黏稠的，又可以是像饼干那样干薄的片状。值得一提的是，和果子的颜色必须与人们的口味和当季风景的色调相一致。

11

提灯

太阳一落山，餐馆和客栈的入口上方就点起了提灯，散发着温暖而多彩的光芒。提灯似乎有种神奇的魔力，能够把任何一个钢筋水泥造就的现代街区变成江户时代老城的某一个角落。它们或白或红，上面印着餐馆或是特色菜肴的名字，用大字印刷，可以说是现代霓虹招牌的“祖先”。如同日本风俗版画浮世绘或是描述江户时代的绘画作品里呈现的那样，屋檐之下也有提灯的身影，这些灯笼由轻质的竹质结构构成，上面覆盖着和纸，两端由两个木环固定，木环上挂着一根蜡烛，现在经常用小电灯来代替。

提灯的结构轻巧，最初是一种旅行灯。在 17 世纪，日本城市较危险的小巷里或通往寺庙蜿蜒的山路上，人们习惯打着灯笼，照亮夜晚。提灯可以像手风琴一样折叠起来，这样，旅客在到达目的地时，就能将其折叠收纳在和服里，然后走进明亮且安全的客栈。

根据日本民间传说，提灯能驱恶辟邪。因此，提灯在婚礼或葬礼上是必不可少的。举办葬礼时，常用白色提灯，意为帮助死者的灵魂照亮通往死亡世界的道路，即使葬礼在白天举行时也是如此。

神事用提灯

在祭奠或是民间节日期间，人们常常会在屋檐上安置长长的一排神事用提灯，照亮寺庙和神殿的周围。

安灯

安灯是一种摆放在地面的方形灯，用来照亮室内。它能够散发出一种漫射光，营造出独特的氛围，深受古董商和室内装潢师的追捧。

提灯

12 大名

在古代日本，统治各地的领主叫“大名”。这个词起源于“名田”，即带有名字的田地，指的是私人拥有的稻田。因此，“大名”指的是那些拥有大量稻田的人，在当时的日本这是财富的基础。

11世纪，强大的大名雇佣武士控制了许多大型半自治的庄园。随着皇权的削弱，大名逐渐掌握实权，他们中最强大的人成为幕府将军，也就是这个国家真正的统治者。

源赖朝最早于1192年创立镰仓幕府。随后，其他大名开始征税，任命封臣，在自己的领土上行使无限的权力，个别大名甚至设立了货币。和平时期，大名们过着奢靡享乐的生活，他们沉迷于书法、花道和茶道。鼎盛时期的大名数量达到了250人，但是大名之间的矛盾冲突从未间断过，他们为了争夺钱财、土地和权力、继承权而钩心斗角。于是，各大名间的激烈竞争构成了日本历史上最血腥的时期——战国。17世纪，德川幕府把大部分的大名绳之以法，到了江户时期（1603—1868），他们的权力进一步被“参觐交代”（日本江户时代一种控制各大名的制度）削弱。1868年明治维新后，大名成为贵族食利者。

大名

13 河豚

河豚鱼是一道广受追捧的美食，它的潜在毒性（如烹调不当）增加了它的神秘性以及在所有大胆的美食家心中的吸引力。河豚在日本有着悠久的历史，在日本发现的河豚骨头表明其在一万年前就开始被食用了。16世纪末，由于众多武士在品尝河豚后死去，因此，幕府将军丰臣秀吉颁布了一项禁止食用河豚的法令。

河豚有很多种类，它们一般通过食用其他携带毒素的生物来获取毒素，这些毒素附着在河豚的肝脏、卵巢、眼睛和皮肤上。河豚毒素比氰化物更危险，它会麻痹肌肉，导致呼吸衰竭。目前还没有解药，唯一的治疗方法是洗胃，使用活性炭吸收毒素，对病人给予呼吸辅助，促进中毒者的身体加快代谢掉这些毒素。

1958年，日本的河豚中毒人数达到历史最高峰，总计有176人食用河豚后身亡。从那以后，主厨们必须经过两到三年的学习和实践获得许可证后，才能制作河豚。这一规定大大减少了因误食河豚而住院治疗或死亡的人数，但也不可避免地抬高了河豚的价格，尽管每年河豚的供给量有近一万吨。如今，河豚中毒事件仍旧时有发生，这主要是由于个人或某些土菜馆的厨师不知如何正确烹饪河豚导致，还包括一些犯了特殊错误的专家。

1975年，日本著名歌舞伎演员坂东三津五郎在京都的一家餐馆里食用了四份河豚肝脏后中毒身亡。尽管河豚的内脏含有剧毒，极其危险，法律甚至严禁食用该部位，但这名被誉为“活着的国宝”的演员显然坚信自己对这种毒素免疫，结果酿成了丧命的悲剧。

河豚

富士山

14 富士山

富士山长期以来一直是日本的象征，它海拔 3776 米，是日本最高峰。富士山完美的圆锥形外形、它的精神寓意及宗教意义与它潜在的破坏力相结合，使它在日本文化中的地位超过了它令人印象深刻的外形比例。加之富士山山顶常年积雪，这进一步增添了它的俊美。事实上，地质学上的“富士山”由三座火山组成，其中富士山最为年轻，支配着另外两座，它的火山口直径 500 米，底部周长近 125 公里。

“富士山”这个名字的确切起源尚未有定论，很可能来自于土著阿伊努语中的“火”一词。在一份公元 713 年的官方文件中，它被称为“ふじのやま /fuji no yama”，这个称谓直到现在都没有变化。然而，也有许多日本人称它为“ふじさん /fujisan”，“やま”和“さん”在日语中都表示“山”。

富士山距离东京 95 公里，在晴朗的日子，从东京的摩天大楼上可以眺望到富士山。有很多地方，如酒店、公司和其他实体建筑叫“富士見”，意味着你可以从此处欣赏这座山。在日本已知的最古老的诗集《万叶集》中，人们从 13 世纪就开始吟诵富士山。描绘富士山的作品中最著名的当属葛饰北斋的《富岳三十六景》，总计有 46 幅版画。

每年 7 月和 8 月，有超过 25 万名游客和体育爱好者攀登富士山。通往富士山山顶的路并不难走，但还是有人意外身亡，这些人中既包括登山者，还包括滑雪者和冲浪爱好者。

直到 1609 年，富士山一直是神道教某神殿的私有财产，被一些人认为是朝圣之地。虽然上一次火山爆发发生在 1707 年，但富士山仍然被认为是一座活火山。2013 年，它被联合国教科文组织列入世界文化遗产名录。

15 日式包装布

想象一下，拿一块方巾，或是带有漂亮装饰的方形棉布，将其两个对角分别打结，一个既可以用手捧着，又可以背在肩膀上的便携包包就这样做成了，这就是日本最传统、最优雅的礼物包装方式。那块用来包装的方布被日本人称作“風呂敷”（ふろしき /Furoshiki）。

“風呂敷”诞生于日本江户时代（1603—1868），最早用于在澡堂（風呂）的更衣室里包裹衣服和个人物品。这种简单的方形织物具有惊人的适应性，可以完美地与被包裹物品的轮廓相吻合，使其不受损伤。

日式包装的复杂程度体现了送礼人的用心程度，和对于收礼人的重视程度。在日本人眼里，用心和重视不是反映在物品的价值上，而是融合于送礼人包装礼物所花的时间和细致的包装手法里。

中元节 & 新年

每年的中元节（7月中旬）和年终（新年）是日本人交换礼物的两个节日，他们借此表达对对方的感激之情或表明对方在自己心里的特殊地位。赠送的礼物通常是水果、蛋糕或衣服。礼物装在预示着好运的礼签里，包装非常精美。

礼签

日语里被称作“熨斗”，是日本一种古老的折纸，由一条黄色的纸条（有时用花或松针代替）组成，包裹在折成锥形的白色或红色的叶子里。在婚礼、生子、毕业等喜庆场合，日本人都会用它装饰礼物，送上最诚挚的祝福。

土特产

“土特产”包含“留念”的意思，这一仪式在日本文化中的重要性无可替代。即使从附近的城市旅行回来，也要记得给父母、同事和朋友带点小礼物，即使有时挑礼物比游览更费时间。

風呂敷
夏の特選ギフト
夏日精选礼品
中元礼
御中元
の贈り物
冬日礼物
岁末礼
御歳暮

16 忍耐

当外国游客（尤其是西方人）看到日本社会的运作方式时，往往会感到惊讶、钦佩和敬畏。当然，产生这种感觉的原因有许多，但“忍耐”（我慢 / がまん / gaman）的理念肯定是造成这种感觉的原因之一。这一难以定义的术语指的是在实践中保持耐心、宽容、自控、克己或在面对考验时的坚定不移的能力。

“忍耐”起源于佛教禅学，更具体地说，它指的是耐心和优雅地容忍令人无法忍受的事物。构成这个词的两个字并没有清楚地说明它的意思。第一个字“我”的意思是“自我”，第二个字“慢”则表示嘲笑或懒惰。在日本人看来，另一个词“我慢づよい /gaman-duyoi”则意味着特别善良和有耐心。这一概念并非日本独有，它可以与古希腊斯多葛主义或英国的“咬紧牙关”相提并论。“忍耐”之所以独具日本风味，是因为它与“和谐相处、体贴他人”有着紧密的联系。

有些人认为，环境和地理位置塑造了日本人的这一特性。日本的水稻种植传统要求各社区之间定期合作。对于一个自然灾害频发的国家来说，适应力至关重要，而现代日本人口众多，所以尊重他人也极其必要。“忍耐” 无疑在日本战后重建中发挥了重要作用，它见证了一个经济超级大国的诞生。2011 年，在地震、海啸和福岛核泄漏灾难幸存者的身上，都体现了“忍耐”的特点，尽管每个人都面临着巨大的挑战，但所有人都表现出了尊重他人、关爱他人和保持耐心。

我慢

17 加油

在日本，当有人要参加考试、比赛、找工作、组装书架或进行需要付出努力的活动时，周围人总会说上一句“頑張って /ganbatte”表示“加油”。这个词的动词形式“頑張る /ganbaru”意思是“尽你最大的努力”或“坚持”，可以看作是主动的“我慢”。“頑”的意思是“坚韧、坚强”，而“張る”的意思是“拉”“强迫”。

虽然我们似乎在这里找到了线索，但实际上，这只是一个假借字。也就是说，这些字符的使用仅仅是因为它们的发音，而不是它们的意义。关于这个词的来源问题，语言学家一直争论不休，事实上，“頑張る”一词至少有 40 个地区的方言版本，足见其在日本文化中的重要性。

虽然如今日本各地都在使用“頑張る”，但这个词有多种形式，可以用汉字、平假名或片假名来书写。在

がんばっ

这些形式中，“頑張ってね /gambatte-ne”（要加油哦）一词多为女性使用，相比之下，“頑張ってください / ganbatte kudasai”（请加油）正式许多，而“頑張れ / ganbare”或“頑張ろ /ganbaro”这两种形式则带有命令的语气，常在体育比赛或鼓励对方坚持下去时使用。

当对方鼓励你要“加油”时，通常可以回答“頑張ります /ganbarimasu”（我会尽力的）。在日本，尽力而为是一项基本美德。就像“我慢”一样，“加油”的概念从小就被灌输给孩子们。统计数据显示，日本员工平均只休正常水平一半的带薪假期，这一点深刻反映了日本人“加油”的精神。即使有时难以做到尽力而为，但在日语里找不到任何表示“加油”一词的反义措辞。

18 艺伎

“艺伎”一词，意为“艺术家”。19 世纪以前，陪酒卖身也是艺伎的服务项目之一，此外，她们还掌握了许多高雅的艺术，跳舞、演奏三味线（一种长颈琴）、穿着华美的和服优雅地侍奉清酒、与客人博学地交谈等，都不在话下。客人们（通常是商人或政客）可以独享艺伎的所有才能，艺伎能给予客人细致地陪伴，能与客人进行有深度的对话，并且只为他一人起舞歌唱，照顾他，用恰到好处的言语使他奋发振作，忘却所有的烦恼。

要塑造男性梦寐以求的完美女性形象，艺伎必须经历一个漫长的学习过程，这在过去是非常困难的。相貌和才华最出众的艺伎被视为女神，享受着奢华的生活，拥有名人的光环，并被其他女人艳羡，而在这背后，她要为此付出极大的努力。

艺伎们那纸醉金迷的上流社会生活，实际上和修女们的与世隔绝很相似。在17—18 世纪的日本，成为艺伎与其说是对一种职业的选择，不如说是穷人们最后的救命稻草。饱受饥饿的家庭把他们八到十岁的女儿送到艺伎屋，让她们学习一门可以从事终生的技艺。成为艺伎的代价，则是像奴隶一般，一辈子都被束缚在艺伎屋，过着孤独的生活，永远不能渴望爱情或婚姻。

如今，艺伎已成为一种职业——几乎与其他任何职业一样，是一些年轻女孩们深思熟虑后的选择。她们大学毕业后，决定开始对日本传统艺术进行长期而深入的研究。日本最杰出的艺伎都集中在京都，那里保留着五条花街（即艺伎云集的地方），共有近 200 名艺伎在那里居住和生活。

芸者

舞子

学徒中的艺伎通常被称为舞子（まいこ /maiko），可以通过一些独特的标志来识别她们。她们的和服图案色彩鲜艳，以红色为主。唇型经过重新设计，比正常的嘴唇窄，呈朱红色。与艺伎不同的是，舞子不戴假发，发际线处留有一圈裸露的皮肤，没有涂白，与脸上的其他部分形成对比。

艺伎屋

艺伎屋是女孩们学习技艺的地方，她们要在那里一直待到生命的尽头，希望以此偿还她们为学习和购买奢侈的和服而欠下的巨额债务。在那里，她们不仅能学习到各种娱乐艺术，还能学习女王般气场的穿着和艺术品位。艺伎屋里，同样存在激烈的竞争，艺伎们为了获得最有声望的客户的青睐而钩心斗角，气氛似地狱一般。

花魁

在《不眠之城》一书中，高级妓女不仅是艺伎，还是真正的女神——花魁，她们受人仰慕，难以接近，只接待最富有的客人。每年春天，她们都会举行一年一度的游行，吸引着成群结队的男男女女，男士们折服于花魁们的优雅，女士们则被其精致的发型和华丽的衣着所吸引。

茶室

茶室指的是带有传统的滑动门板和榻榻米的房间。许多由艺伎和舞子参加的精致宴会都在这里举行。这种宴会花销巨大，通常需要数十万日元，因此，它有一个隐喻性的名称：花代（买花钱）。

旦那

衡量一名艺伎成功与否，还可以看其旦那（即艺伎情夫）的数量和声望。旦那负责帮艺伎筹集赎身的必要资金，资助其生活，还会送其礼物。然而，旦那并不会娶艺伎为妻，一般来说，他已经娶了一个和他自己地位相同的女人为妻。

19 太妹

“太妹”在日本被称作“ギャル /gyaru”（由英语“girl”演化而来的俚语），20 世纪 70 年代因一个牛仔裤品牌而流行起来。“太妹”不仅是一种潮流，而且体现了二十多年间一种不断发展融合的风格和亚文化。

半个世纪以前，日本人称那些喜欢玩乐的年轻都市女孩为“摩登女孩”，即使到了现在，女孩们听到这一名称还会为之兴奋不已。太妹文化最早出现在 20 世纪 80 年代，指的是每晚都会在东京舞厅狂欢的年轻时尚女白领。20 世纪 90 年代初，“コギャル /kogyaru”（小太妹）一词出现在涩谷区，前缀“コ（こ）”来自于“高校生 / こうこうせい”（即高中生），表示“小孩子”的意思。第一批小太妹来自东京私立高中，她们把皮肤晒成古铜色，把头发染色，穿着经过改短的制服裙，戴着巴宝莉

围巾，脚穿软皮鞋和过膝白袜。他们穿制服的方式迅速流传到日本各地，但同时也被很多小报和色情作品所盗用。与此同时，传统媒体的报道中也充斥着小太妹道德沦丧的故事，称其进行“援交”，即“有偿约会”，为了购买高级时装而与年长男性约会。在许多方面，太妹以其粗鄙的语言、暴力性和晒黑的皮肤颠覆了日本女性的传统形象。20 世纪末，太妹的队伍扩大到工人家庭出身的女孩们，形成了“黑妹”和“山姥”，风格变得更加激进。

ギャル

黑妹

也许是为了回应被称为“性工具”的报道，“黑妹”选择了将皮肤晒成深褐色。她们脚穿胶底鞋，佩戴夸张饰品，头发漂白或染成艳色，颠覆性的打扮震惊了大多数人。

山姥

“山姥”更为夸张，她们的肤色更黑，妆容更白，头发颜色更加炫彩，与传统日本女生卡哇伊（可爱）的形象完全相反。

俳句

钟声沉寂了，
花儿的香气，
像铃铛，
在黄昏中颤动着。
——松尾芭蕉（1644—1694）

20 俳句

谈及日本诗歌，就会很自然地令人想到俳句。俳句，是一种日本古典短诗，它们如刀刃一般锋利，像闪电一样明亮，以三句十七音为一首，遵循“五、七、五”的结构。俳句把部分现实隔离开来，营造了一种奇妙的氛围。

日本人从很小的时候就开始练习俳句，这一全民写作活动同样也造就了许多伟大的诗人，最著名的是松尾芭蕉，他在17世纪初重塑了当时流行的戏剧风格，赋予了它独特的禅宗感。他的俳句简洁明了，摒弃了所有的感伤主义，抓住了生活中琐碎小事的辛酸之美：青蛙落古池，寂寂闻水声；山路费寻攀，忽见紫罗兰。俳句必须要有季语，即表示春夏秋冬的季节用语，暗示时间的流逝，世事变迁。

和歌

记录显示，由31个音节组成的“和歌”是日本最古老的诗歌形式，就像它的名字一样，是“大和民族的诗歌”，正是它描绘了“日出之国”的自然风光。山上的满月、樱花转瞬即逝的美丽、秋叶的绚丽……简而言之，在过去几个世纪中，无论是自然风景还是爱恨纠缠，都能在和歌中找到身影。

和歌在宫廷盛行，贵族们引用过去诗人的诗句，在创作比赛中互相挑战。最著名的和歌集《百人一首》也由此于13世纪诞生，它还被制成一种纸牌游戏（歌留多）：每张纸牌上都有一首诗，并附有作者的肖像。游戏者用的牌上只写有下句，听读牌的人读上句，找对应的纸牌。

沟渠之下，樱花盛开，
花冠散发着迷人的香气，
除了风，无人到访。

花見

21 赏花

赏花在日语中被称作“花見”。对日本人来说，这一直是最精致的乐趣。这里说的并不是一般的花，而是日本群岛盛产的樱花。几个世纪以来，樱花短暂的美好体现了日本人的生活情怀，激发了诗人和恋人们的忧郁情结，唤起了人们对武士的勇气和死亡命运的感慨。

从 10 个世纪前开始，人们就期待着樱花的盛开。第一朵花才刚刚绽放，日本人便如中了魔咒一般，成群结队地离家赏花。每个人都会选择一个以樱花之美而闻名的地方，尤其是樱花盛放的古刹，或是山顶，又或是浪漫的湖边。大家平躺在树下，什么也不做，也可以去散步、划船，或者——这是最常见的情况——摊开帆布垫子，坐在垫子上与朋友们一起野餐。

无论是身处安静的京都吉野山（赏樱者的最爱），还是在樱花季热闹纷繁的东京上野公园，只要记住一点：每年春天，日本人都会停下手中的一切，放慢脚步，抬头仰望头顶飘浮着的粉红色云彩，享受着如樱花一样短暂且转瞬即逝的诗意年华。

樱花

✽ 日本有四百多种樱花，最著名的是吉野樱（学名染井吉野，俗称吉野樱），其五片花瓣呈淡粉色、白色、珍珠灰色、淡黄色或深粉色。最具诗意的无疑是锯叶垂樱，俗称“哭泣的樱花”，它长长的枝条垂向地面，就如盖着水雾的瀑布一般。

22 切腹

切腹，日语是“腹切り /hara-kiri”或者“せっぷく /seppuku”，这是一种特别痛苦的自杀仪式，自杀者需要用短刀或匕首刺穿腹部。武士战败，使个人或家族名声受辱，或者效忠的大名去世后，武士可以选择切腹来洗清或证明自己的荣誉。后来，大名或幕府将军有权命令武士自杀而不将其处决。“切腹”一词的起源尚不清楚。古时候，日本人认为灵魂位于腹中，随着时间的推移，这种行为变得越来越仪式化。

写完遗言后，武士会穿上白色的和服，喝一杯清酒，用一块布盖住武器，从左到右切开腹部，而他的朋友（介错人）则准备用武士刀将其斩首。仪式的规则要求切腹者在腹部连割数刀，为了避免痛苦难忍，许多介错人往往迅速将其斩首。被定罪的武士，选择独自完成切腹后（即无介错人斩首），可以存活约 18 个小时。

介错人也可以是战胜武士的对手，对手为了向其勇气致敬，自愿担当介错人。一个出色的介错人需要一刀切下切腹者的头颅，但不完全砍断，目的是让头和脖子之间仍有一丝皮肉牵连。上一位被人们记住的切腹者是作家三岛由纪夫，他在 1970 年发动了一场政变，但以失败告终。有人认为，这种仪式的传统在一定程度上解释了现代日本自杀率较高的情况。

殉死

中文史料记载，日本切腹自杀的传统开始于12世纪，而“殉死”，即追随亡主的做法的出现，据说比切腹的仪式还要早。“追腹”在日语中称为“おいばら / oibara”或“ついふく /tsuifuku”，指的是追随切腹自杀的主人的行为。

腹切り

箸

23 筷子

筷子是日本餐桌上唯一的餐具，人们借由它来食用已经细分为小块的食物。因此，筷子对日本料理产生了深远的影响。事实上，筷子的用途远比我们想象的要多，人们既可以用它来夹取食物，还能切分、切割食物，或夹取非常小块的食物。不使用时，人们通常会将其摆放在碗旁边的筷子架上，这是一个小型的陶瓷平面六面体，平行于桌子边缘，尖端朝左。

在日本，使用筷子时有必要了解一些礼仪规则，以免触怒他人。三种被认为是不礼貌的用法需要避免：与邻座宾客的筷子相碰；接连夹菜，不吃米饭；用筷子来回翻动菜肴。还要谨记：把筷子插在米饭里会带来厄运，因为这会让人联想到祭奠死者的祭品。此外，切忌用筷子指人，或是用筷子将盘子拉近或推远，这些都是不礼貌的行为，尤其要注意，不能用筷子作为烤串的签子，哪怕是当你面对一堆炙烤过的食物，看似别无他法的时候。

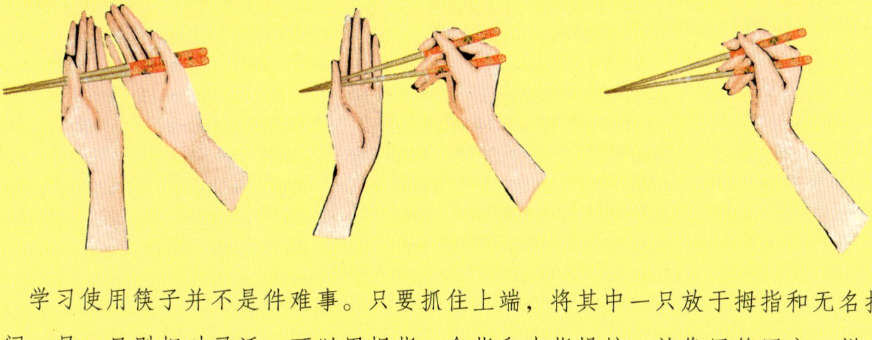

学习使用筷子并不是件难事。只要抓住上端，将其中一只放于拇指和无名指之间，另一只则相对灵活，可以用拇指、食指和中指操控，就像用笔写字一样。只要稍加练习，就可以相对轻松地使用筷子。

24 和平痴呆症

自第二次世界大战结束以来，日本人享受了一段长时间的和平，其间日本自卫队一枪未发。20 世纪 60 年代标志着日本高速繁荣的开始，人们的生活水平远远超过了 1945 年后的预期。尽管自 20 世纪 90 年代经济泡沫破裂以来，日本经济一直停滞不前，但其仍旧拥有良好的教育制度和教育系统、低失业率、稳健的医疗保健体系和较高的国民平均寿命。此外，日本犯罪率极低，服务行业高效，以礼仪和尊重他人而闻名全世界。

平和ボケ

如果说玫瑰的负面是它的刺，那么和平、繁荣和礼貌带来的负面影响就是日本人所说的“和平痴呆症”（平和ボケ /heiwa-boke）。

“ボケ”有各种各样的含义：愚蠢、冷漠、困惑、衰老、空虚、易上当受骗。“ボケ”常与其他词语连用，如“時差ボケ /jisa-boke”，指的是因时差引起的疲劳。“和平痴呆症”一词适用于很多情况，例如用来描述日本人出国旅行时经常轻信他人，钱财被骗。也有一些日本人把这个术语称为“文化幼稚化”和“卡哇伊痴迷症”，这些都是长期在稳定而安全的环境下生活的结果。

从地缘政治的角度来说，“和平痴呆症”也被用来批评日本宪法第 9 条的过度自信，该条款禁止日本发动战争，从而保护日本免受与好战的朝鲜的冲突。但历史让日本摆脱了这种安逸的状态：自从 2011 年地震、海啸和核泄漏灾难之后，这个词就变得越来越少见了。

每年的3月3日，是日本传统的女儿节，育有女孩的家庭都会庆祝这一节日。这一天，家里会摆出超豪华的人偶展台，注意，这些可不是一般的人偶，而叫“お雛/ohina”，他们身着10世纪贵族的华丽衣服，站在一个红色的天鹅绒基座上，在平安时代的宫廷里举行皇室婚礼。

在呈梯形的基座顶端，帝后二人正襟危坐，下方，大臣、宫女、乐师、侍卫和仆人紧随其后。人偶周围是精美的迷你手推车、箱子和盘子，这些都是女孩们过家家的道具。

在过去，为了辟邪，每年3月3日这天，日本人都会制作纸制的娃娃，然后到河边放入水中，任其顺水漂走，这样一来就能带走人类犯下的罪恶。后来，人们用黏土娃娃代替了纸娃娃，并在它周围放上贡品，以祈求原谅这家人所犯下的罪过。

精美绝伦的人偶是“雛人形”（有驱邪之效）的延续，通常由母亲传给女儿。这就是为什么日本父母愿意不惜一切代价送女儿人偶的原因，这样她们才能避免不幸的生活，找到如意郎君，不孤独终老。

25 女儿节

五大节日

日本传统中的五大节日被称作“五節句”，分别是1月7日的七草节（人日），3月3日的桃花节/女儿节（上巳），5月5日的菖蒲节/男孩节（端午），7月7日的七夕，9月9日的菊花节（重阳）。

菱饼

“菱饼”是女儿节的传统食物，由大米制成。女儿节又叫桃花节，“菱饼”也因此呈三种颜色：绿色代表青草，白色代表初融的冬雪，粉色代表桃花，预示着春天的到来，寓意白雪皑皑下绿草如茵，桃花烂漫。

雛祭り

情人旅馆

酒店窨井

26 旅馆

从传统的客栈到豪华旅馆，日本的旅馆种类繁多，一应俱全。许多旅馆都是主题式的：书店式主题旅馆、动漫风格主题旅馆、配有迎宾和提行李的机器人的主题旅馆。还有两类旅馆是日本特有的：情人旅馆和胶囊旅馆。

情人旅馆

情人旅馆，可以作为钟点房，也可以过夜。它的诞生源于人们对亲密关系的需求，不仅仅针对年轻的情侣们，也吸引了那些与父母、祖父母一起蜗居的已婚夫妇。20世纪60年代末，被设计成欧洲城堡风格的东京木黑帝酒店开业，标志着情人旅馆的开端。虽然情人旅馆常被用作商业洽谈和卖淫的场所，但仍有寻求亲密关系的夫妇光顾。旅馆入口通常很隐蔽，与客人的接触也保持在最低限度，房间的设计可以满足所有的需求。据估计，日本每天大约有100万人使用情人旅馆，表明这已成为一个巨大的产业。近年来，情人旅馆通过提供餐饮、桑拿、屋顶浴池、超大屏幕电视等服务，为自己注入了新活力——如今，部分情人旅馆已经被打造成了旅游酒店。

酒店之王

ホテル

胶囊旅馆

提起胶囊旅馆，就会想起20世纪80年代的上班族，他们因和同事一起工作或喝酒到很晚，而错过了末班地铁。这些封闭的胶囊旅馆提供了足够的睡眠空间，配有公用浴室，比起打天价出租车回家，它们是个不错的选择。与它们的浪漫表亲（情人旅馆）一样，胶囊旅馆也在蓬勃发展，到今天，胶囊旅馆能提供的房型越来越多，个人空间也越来越大，甚至还有女性专用的胶囊旅馆。

27 花道

如果你认为插花只是一件漂亮的装饰品，那你就大错特错了。在日本，插花被视为一种艺术，即“花道”。花道的日语“生け花 /ikebana”的字面意思是“活着的花朵”，由其创造而成的一个充满活力的植物雕塑，意义远不止于此。房门之内，花道代表了整个宇宙，它建立了一种屋内和屋外的联系，体现了人类与宇宙和谐共处的理念。花道是一门复杂的艺术，它通过巧妙的技巧，用几朵花或几根枝传达了植物的自然性和自发性。插花人将不同的花草置于容器中，然后用剪刀修整枝干的长度和叶子的形状，同时，通过弯曲的线条赋予作品柔和性，借助对角线表达植物的活力，通过水平和垂直的线条传达平静，虚实交错之间，赋予了花道灵性，创造出了一种独特的氛围。

插花和其他禅宗艺术一样，追求简单与和谐，偏爱不对称的线条，并把这些美学原则转化成了无数的流派和风格。“池坊立花”历史最为悠久，起源于佛教祭坛上的花坛传统。这种华丽的布景风格在 14 至 17 世纪被广泛用于装饰武士贵族的庙宇和城堡，是节日和仪式的理想选择。

“盛花”是初学者接触的第一种风格，垂直的或是看似无精打采般的、倒向一旁的枝干从托盘或是矮瓶中探出头来。而制作“投入花”风格的作品时，常采用窄口高瓶，以产生花材下垂的效果。无论哪种流派，插花者都在灵魂深处寻找一种自己的方法，将其所思所想通过作品呈现出来。也只有这样，花道才能真正成为升华精神的工具。

生け花

28 粹

“粹”是一种美学概念，这一概念在19世纪初得到了认同，是许多浮世绘艺术家的选择。“粹”强调难以捉摸的虚幻效果和深奥的主题，这一点仍然体现在日本当前的流行趋势中。风流倜傥的哲学家、诗人九鬼周造，是唯一一个试图将这几点融合在一起的人。作为马丁·海德格尔和保罗·克劳德尔的共同朋友，九鬼周造既热爱巴黎的世俗，也热爱美学，他把一生都献给了对这种深不可测的美的意义的研究。

九鬼周造于1930年出版《粹的构造》，我们可以从中得出这一结论：对于外行来说，借助图像要比文字更易于理解这一美学概念。“粹”就像丝绸轻扫皮肤时带来的顺滑感，或是早上醒来时，和服领子微开，露出脖颈，头发自由披下的感觉，又或是用手轻轻撩起和服裙摆，露出红色内衣和穿着木屐的雪白的脚掌的感觉。更有甚者，“粹”可以形容刚刚出浴的美人，轻衣薄衫随意地搭在肩头，不经意间露出还散发着热气的香肩。

毫无疑问，“粹”带有诱惑之意，它所体现的美并不是一种超然的优雅，而是一种微妙的魅力，一种情爱的张力，一种类似于卖弄风情的东西。这是一种可以让人窥见而又永远不会完全显露出来的美，它总是带着对声名财产和世俗依恋的轻蔑，偶然地、不由自主地出现。就像江户的一些艺伎，赶走了一个有钱的客人，仅仅是因为他笨拙和胡闹。

粋

29 围炉

围炉是典型的日本传统住宅的供暖系统，类似于西方家庭的壁炉，是住宅的核心，也是供人取暖和做饭的地方。围炉像是个包裹着金属的巨大容器，镶嵌在木材或煤炭的土壤里。容器上方固定着一根竹竿，末端是一个钩子，钩子上挂着一个铁铸茶壶或铁锅，这样茶壶或铁锅就能一直保持在火的上方。为了方便调节高度，竹竿上装有平衡锤，通常呈鱼的形状。

对于任何一个日本人来说，一只被熏黑的围炉总能唤起他对乡村简朴家庭生活的回忆。冬天的晚上，所有的人都会聚在火堆旁，谈论白天发生的事情，等待着余火慢慢把饭叉上的鱼烤熟。

囲炉裏

木炭火盆

19世纪，木炭火盆作为烧水和暖手的工具渐渐流传开来，它比围炉更易于携带，使用起来也更为方便。火盆在日语里被称作“火鉢”（ひばち /hibachi），的确，木炭火盆经常以一个大青铜容器或陶瓷花瓶的形式出现，尤其是在茶道上。有的火盆也呈细长状，高约三四十厘米，中间是木炭燃烧的腔体，周围是一系列用来保存茶叶和烟草的小盒子。

暖桌

暖桌在20世纪初大受欢迎，至今仍受日本人的喜爱。它是一种方形桌子，桌下有电热器，通过延长桌腿，可以一边取暖，一边写作、阅读或喝茶。通常，桌子和桌腿上都盖有被子，以防热量扩散。

烟草盆

传统的烟草盆除了包括烟袋、烟斗和烟嘴外，还有一个小型火盆，盆里装有未燃尽的余火，可以用来点燃烟草和香烟。

30 日本流行音乐

日本流行音乐（ジェーポップ/J-POP）的起源可以追溯到20世纪60年代，当时的日本音乐家开始在他们的作品中引入西方流行音乐元素，并且翻唱西方作品。受日本民间音乐“演歌”的影响，这种新音乐被命名为“歌谣曲”。

20世纪70年代，红极一时的二人组合“粉红女郎”，凭借其舞蹈编排、性感服装和英文歌名，为日本流行音乐和偶像团体开辟了新的道路。

90年代，日本的音乐产业位居世界第二，整个乐坛被音乐制作人小室哲哉旗下的安室奈美惠等歌手主导，专辑总销售额达1.7亿日元。跨入21世纪后，宇多田光（R&B风格）的专辑销售量突破1000万，创造了日本流行音乐的记录，也为女子组合带来了新生。

ジューポップ

偶像

过去几代人以来，日本父母常常认为孩子们最喜欢的歌手不够有才华，这一点对于日本偶像团体来说更是如此。一些实力雄厚的经纪公司在挑选某些男团和女团成员时，看中的正是他们没有音乐才华这一点。

由日本第一大演艺经纪公司杰尼斯事务所打造的男团组合 SMAP 在 1988 年至 2016 年期间是亚洲最赚钱的乐队。偶像团体几乎无处不在：他们横跨多界，既是演员，又是黄金时段的综艺节目主持人。诸如早安少女或 AKB 48 这样的女子组合，年轻成员之所以被选中，大多是因为乖巧美丽的外表，缺乏节奏感或音色但却甜美可爱的歌声，这样足以取悦年龄较大的男性构成的粉丝群体。

剥削和虐待练习生的事件比比皆是，他们往往收入极低，而且常常受到合同的约束，有些甚至还限制了他们的感情生活。

31 考试地狱

战后，日本把改善国民教育作为使命，力求达到国际卓越水平，尽管日本公共教育在国民生产总值中所占的比例相对较低，但这个目标确实也达到了。随着越来越多的学生想要继续深造，进入名校的竞争加剧，导致了“考试地狱”的产生。要进入名牌大学，首先得上重点高中、重点初中。这样下去造成的结果是：包括从幼儿园到大学的所有入学考试都非常难，课业负担非常沉重。

近年，日本人口总量减少，出生率几十年来持续降低，14 岁以下的人口只占 12%，而当年“二战”过后则高达 36%。人口的减少降低了竞争的激烈程度，但也导致了“教育ママ /kyoiku mama”（追着赶着你学习的妈妈）的产生，她们将所有精力花在孩子身上，给孩子们带来了前所未有的心理压力。在这种压力之下，一个强大的教育产业应运而生。虽然家教和函授课程也占有一席之地，但承担课外辅导任务的主要还是数以万计的私立学校——补习班，从幼儿园到大学全覆盖。虽然这种日本学校被批评为死记硬背的学习方式颇受争议，但补习班仍旧在国际上享有盛誉，风靡 50 多个国家。

受験地獄
こらっ
喂
伏せ
卧倒
待て
别动
座れ
坐下
しっ
嘘
試験
考试
塾
学校
塾
学校

歌舞伎（かぶき/kabuki）融合了流行娱乐表演的所有元素：从曲折的剧情到华丽的舞台服装，从令人惊叹的舞蹈到精湛的朗诵表演。

无论是残酷的历史真实事件，还是受史书启发而创作的跌宕起伏的情节剧，我们总能从歌舞伎中发现善与恶的对立，或是内心对自由的渴望与社会枷锁之间的矛盾冲突。故事常常围绕着这些主题，发生地在17至18世纪繁荣的大阪和江户（东京的古称），主人公则是商人和工匠阶层。

歌舞伎通过描绘这个新兴的中产阶级，反映了不断变化的社会矛盾，这时的社会不再认同旧封建制度的僵化思想，新的价值观却还未出现。如果说历史剧总体上是英雄凭借勇气和忠诚最终获胜，那么情景剧往往会以恋人悲惨地陷入了无法对抗的阶级差异的陷阱双双自杀而告终。对江户时代的观众来说，吸引他们的不仅仅是故事情节，更是演员自身的魅力，他们带动着观众的情绪，影响着服饰潮流，如东洲斋写乐、歌川国贞和歌川丰国等绘制的肖像画作品里展现的那样。

32 歌舞伎

女行

女行，即由男性演员扮演女性角色。这种角色难度较大，演员必须经过长期训练，塑造形体，以显得可信。18世纪的一些女行非常成功，成了女性观众的楷模。

花道

“花道”是一座只有一米多长的人行桥，桥的两端分别是舞台和乐队。此处除了用于演员亮相之外，还是“道行”所在之地，即故事高潮阶段主人公们私奔并相约殉情的地方。

亮相

日语中被称作“見得”，指演出高潮时，演员以一个独特的姿势瞬间静止，这比无拘无束地舞蹈时更需要力量和平衡，是对表演者的极大考验。演员静止期间，观众通常会报以热烈的掌声，来赞叹其精湛的技艺。

歌舞伎

33 神乐

日本传说记载，神乐舞是由天神钿女发明的。素戋鸣尊胡作非为，惹怒了姐姐天照大神（太阳女神），天照大神气得走进了天之石屋，世界顿时陷入一片漆黑和寒冷之中。为了激发她的好奇心，让其现身，钿女爬上一个倒放的桶子，开始有节奏地跺脚。最终，策略奏效，女神复出，大地重现光明。由此可见，神乐是一种原始宗教舞蹈，可以召唤神灵，请其降临，这样人类和自然的生命周期就可以得到更新，土地肥沃，庄稼丰收。

随着时间的推移，神道教的礼拜仪式采用了这种舞蹈，弱化了原先狂喜和占卜的部分，使其成为神殿和宫廷的一种仪式。神乐经常由巫女在做祭祀的时候表演，她们在鼓和笛子的伴奏下，摆出一些看似正经却非常暗含挑逗性质的舞姿。

神楽

舞乐

如果说神乐是神道教之舞，那舞乐则是佛教之舞。舞乐是一种缓慢而庄严的哑剧，有时带有武术片段，舞者们穿着华丽的服装，戴着怪诞的面具，在环形舞台上表演，故事情节通常围绕善恶冲突、与神奇动物的遭遇，或其他传奇故事展开。

上方舞

这种高雅脱俗的舞蹈源自能剧，保留了能剧拖曳的舞步、一些转圈的动作和其他用扇子表演的动作。它诞生于16世纪的京都和大阪地区，由盲人舞者表演，演出地点不是在剧院，而是在供少数大名娱乐的私人住宅。后来，上方舞变成了妓女表演的一种特色娱乐节目。

34 女仆咖啡厅

女仆咖啡厅是指服务员穿着黑色的连衣裙，系着白色围裙，头戴女仆头巾，打扮成女仆的样子，把所有顾客称为“主人”，为他们提供宾至如归的服务的咖啡厅。

日本“女仆”文化的来源早期出现在秋叶原。明治维新之后，本土的生活方式逐渐西化，很多上流阶层开始学习欧美国家的生活方式。日本的女仆装是以欧洲女仆服（特指19—20世纪的法国女仆）为基准的改良型女仆服装，人们将这一元素与二次元流行文化相结合，引申出了女仆咖啡厅这种服务行业。

1998年，日本著名的动画内容提供商Broccoli株式会社推出了一家体验游戏的咖啡厅，请了穿着游戏制服的女仆为前来参观的客人分发食物和饮料。2001年，Broccoli将这间咖啡厅转让给了一家专业制作、贩卖Cosplay服装的公司，由此诞生了第一家日本真正意义上的女仆咖啡厅。

提起女仆咖啡厅，人们大都会想起萌萌的打扮、可爱的女仆、诱人的美食，以及女仆90度鞠躬或“跪式”的服务，温柔地说：“您回来了，我的主人。”女仆咖啡厅还会为顾客提供独特的收费服务：玩乐、陪聊天、按摩、照相、喂饭等等。

如今，一些酒吧、按摩店、美容店等行业，也逐渐以“女仆”服务来吸引顾客。

男仆咖啡厅

与女仆咖啡厅相对应，日本还有专门吸引女顾客的男仆咖啡厅，也称为男管家咖啡厅。男仆咖啡厅对店员的挑选要求比较高，最注重的是身高和外表，一般是二三十岁的年轻男子，且需要经过管理和培训。男仆的服装根据店家的要求有所不同，女顾客会得到他们周到的服务，体验到“千金贵族”的感觉。

メイド喫茶

萌得让你心动

女仆咖啡厅

35 河童

河童极易识别，它的特点是带有黏液的绿色皮肤，全身覆盖着鳞片，手脚呈蹼状，它们通常在河道里迅速地穿梭。它们是住在河流和小溪里奇特的小精灵，外表与人类相似，又有青蛙、乌龟、猴子和老虎的特征，如同多种动物的综合体。通常，河童的嘴巴如鸟喙般尖锐，背着龟壳，但最显著的特征是它们凹形的头骨，用于储水，这对河童至关重要，也是它力量的源泉。

河童的外表奇怪，极其危险，它们会潜伏在水边，把孩子、女人、牛或马拖到水里，从肛门里吮吸他们的内脏，然后丢弃他们空洞的尸体。遇见河童时，只有一种方法能保护自己：让它头顶的水流尽。这并不是件难事，只需向其弯腰深深鞠躬，如此一来，礼貌的河童势必被迫回礼鞠躬，它头顶的液体也会倾倒出来。

河童被捕获后，会与人类签订协议，因此变得宽厚仁慈，它们会向人类透露制药秘方，找回人类遗失在水里的贵重物品，还会帮人类捕获大量鱼类。

河童在善良与危险间徘徊的奇特矛盾心理象征着水的双重性质：水是水稻种植必不可少的重要元素，可是一旦发生洪水，又会成为人类的威胁和灾难。由于科学和技术的进步，河水的力量已经得到控制，河中的小精灵也渐渐平息了下来。20世纪60年代以来，河童一直是水木茂著名连载漫画《河童三平》中的主角。随着周边商品的热卖，河童终于得到正名，这个丑萌而危险的小怪物变成了一个可爱的商业形象。

河童

36 过劳死

日本人以对公司的忠诚和奉献而著称，但有些人也因此做出了最大的牺牲。过劳死的问题（死于过度工作）在日本已经存在了很长时间：造成这种现象的文化起源有很多，包括忠诚的传统、不愿质疑或挑战权威的习惯、集体利益高于个人利益的观念、善于忍耐（我慢）的性格，以及接受“没办法”这一术语里所包含的命运的无奈。在一个自然资源匮乏、纯靠人力资本为基础的国家，正是这些性格特点创造了日本的经济奇迹。然而，这也是有代价的：人们长期工作，很少度假，没时间陪伴家人，压力持续不断。

20 世纪 70 年代，人们开始认识到过劳死这一问题，并创造了“过劳死（過労死 /karōshi）”一词。80 年代泡沫经济时期，工薪族在办公室过夜的现象司空见惯，一些看似健康、干劲十足的高管突然去世。政府注意到了这一点，提出要平衡工作和私人生活，但猝死事件仍在持续不断地发生。2013 年，公共广播公司 NHK 的一名记者在一个月内加班 159 小时后死于心脏衰竭。2015 年圣诞节当天，一家大公司的一名 24 岁女员工在上个月加班 105 小时后从公司宿舍跳楼。

每年都会有约 190 起类似的案例发生，政府和企业不得不采取行动，鼓励员工休假。新劳动法规定，繁忙月份的加班时间不得超过 100 小时，但这一数字仍旧偏高，因为超过 80 小时后发生的事故，就可以归类为“过劳死”。

過労死

没办法

“没办法”（别无选择）这一概念是一种忍耐的做法，可以帮助人们挺过困难时期，但也意味着人们难以拒绝不合理的事情，甚至是可能致死的工作时长。

37 武士刀

日本武士刀无疑是战争史上最具标志性的冷兵器，也是钢铁工业的杰作之一。最早的日本长刀借鉴了中国的工艺，是双刃构造。据说，武士刀独特的弯刀设计是 13 世纪蒙古人企图入侵的结果。两国交战之时，日本兵的剑被蒙古兵加固的皮革盔甲夹住了，日本兵试图拔剑之时，常常出现剑被折断的情况。

于是，铁匠们改进了工艺，采用了新的锻造方法，通过使用一种特殊的钢——“玉钢”，以及用黏土涂层锻造刀片的刃文（叶片型线），以获得更灵活、更锋利的刀片。刃文再由专人抛光，并在刀的表面雕刻出凹槽，使刀身更轻，也更结实——而并非如某些书中提到的，方便血液顺着槽纹流动。虽然刀的长度一直在 60—73 厘米之间变化，但其形状和锻造方法在几个世纪以来都没有改变过。和平时期，武士刀的剑锷、剑柄和剑鞘等都被配上了丰富的装饰图案。

武士刀通常与短剑或匕首搭配在一起，这是武士特有的两种武器。虽然武士刀被称为“武士的灵魂”，对武士来说有着非同寻常的意义，但它并不是战场上的主要作战武器。在实际作战过程中，武士的角色是骑射手，在拔剑进行肉搏之前，使用最多的是长矛。1876 年颁布的废刀令开始禁止武士佩剑。这是武士时代结束的最显著的标志之一。

刀

38 卡哇伊

“卡哇伊”这个词在日本随处可见，尤其是在年轻女孩中，几乎可以被用来描述一切：食物、衣服、性格特征等等。“卡哇伊”的意思是“可爱”，同时也包含了纯洁、天真的含义，如今已经成为一种时代精神和国际流行文化词汇的一部分。

关于这个词的来源说法不一。有人认为，这个词最早出现在紫式部（11 世纪宫廷贵妇）所写的《源氏物语》中，该书通常被认为是世界上第一部小说。当时，“卡哇伊”被用来形容令人感动的事物。后来，这个词则被用来形容被无助的儿童和妇女所激发的柔情。

如今的“卡哇伊”潮流来源于 20 世纪 70 年代在青少年中流行的一种书写风格，称作“丸い字”（まるいじ /marui ji），意思是圆形的字。这种风格的特点是字体歪歪扭扭，并且包含许多拉丁字母、小图画和鬼脸（某种程度上，是表情符号的前身）。老师对这样的书写方式大为不满，但却迅速被杂志、漫画和广告采用。卡哇伊的形象——Hello Kitty 便是在那个时候诞生的。这个没有嘴巴的小猫咪创造了数十亿美元的财富，如今成了日本的形象大使。吉祥物（ゆるキャラ /Yuru-kyara”），字面意思是“慢悠悠的胖角色”（来源于“ゆる”，表示“柔和，轻松”），是卡哇伊的官方化身，常被用来推广某个地方、某个活动或某个公司。日本官方采用了“卡哇伊”的概念，被民众指责促进了一个“庸俗和幼稚的日本”，尤其是针对女性的方面。日本在性别平等方面确实落后；“卡哇伊”背后代表的温顺幼稚的形象很难使得女性享有更多的权利。

可愛い

萌

在动漫爱好者的行话中，“萌”等同于“卡哇伊”。起先，“萌”指的是对卡通或电子游戏角色的热爱，而在日本，如今经常被用来形容温柔、天真、没有与异性交往经验的女孩。

39 和服

和服古称“着物”，即“衣服”，这充分体现了和服在西方服饰出现之前在日本的普遍性和排他性。甚至在那之后，和服仍旧与西装或制服共存，并为自己开辟了一个坚不可摧的市场。在新年、婚礼、葬礼、毕业典礼和成年典礼上，几乎所有人都必须穿和服。和服通常很珍贵，代代相传，存放在同样珍贵的雪松抽屉里。

我们如今看到的和服是极端简化的版本。日本宫廷贵妇在 10 至 11 世纪主要穿着十二单（也叫“五衣唐衣裳”），这种服饰综合了多种风格，在单衣上叠加 12 种颜色和图案的“袿”，以符合复杂的审美规范，适应当前季节的色调和氛围。

挑选和服时需考虑场合、年龄和时节等因素。长袖和服常用于毕业典礼、成人仪式，也是年轻适婚女性的首选。它价格昂贵，颜色鲜艳，绘有图案或刺绣，袖子长到几乎触地。

“访问着”，即拜访客人时所穿的和服，专为已婚女性设计：通常底色较深，整体色调一致，裙摆下方装饰有一圈优雅的图案。在过去，这种和服常作为新婚礼物被赠送给女方，象征着身份的转变。一般来说，已婚妇女的和服袖子较短，这样可以方便她们做家务、存放手帕或钱包。

还有一条基本规则——在浮世绘的图案上也可以看到——那就是和服必须与季节协调一致。春夏采用亮色，搭配鸢尾花和樱花。秋天往往是红色或金色的叶子和菊花的结合，而新年的和服则以竹子、松树或李树为主，象征来年的好兆头。

着物

浴衣

浴衣是一种没有衬里、色彩鲜艳的棉质夏季和服，适用于非正式场合，尤其是祭典这类传统地方节日。在日语中，浴衣也被称作“湯帷子”（ゆかたびら /yu katabira），“湯”意为洗浴，“帷子”意为内衣，最早指的是宫廷贵族在沐浴后穿的衣服。如今，浴衣常见于酒店客房，通常是白色的几何图案印在蓝色的背景上，反之亦然。

宽腰带

和服外面通常会系上由坚硬织物制成的宽腰带。腰带打结的过程极其复杂，是穿和服最难的步骤，特别是想要打个精致考究的和服结的时候。一旦完成了穿和服的整个流程，就会大大改变女性的仪态：从肩膀的姿势，到走路的方式，再到脖子的倾斜度，都将获得难以形容的魅力，就如过去的版画里常常描绘的那样。

木屐 & 草履

浮世绘里撩人的美人脚下经常穿着木屐，类似凉鞋，鞋底为木质，呈扁平状，支撑着两个高高的“牙齿”，鞋面是呈“Y”形的带子，用于包裹脚面。日本人在传统节日、仪式上，或是公共澡堂里，仍然经常穿木屐。在京都，为数不多的艺伎通常脚踩高高的木屐，并保持完美的平衡。然而，日本女性穿着和服时，首选搭配草履，即草编夹脚鞋。如今，传统草编鞋底常常被印花塑料代替。

足袋

穿传统木屐时，常常搭配“足袋”，这是一种白色的布袜，大脚趾与其余脚趾之间留有缝隙，方便穿脱。江户时期的妓女在冬天常常不穿足袋，光着脚诱惑路人。

40 金缮

金缮在日语中被称作“金継ぎ”（きんつぎ/kintsugi）或“金繕い”（きんつくろい/kintsukuroi），指的是一种修复工艺。据说，这种工艺的发明者是一名固执的幕府将军，名叫足利义政，他热爱美学，受禅宗教导，关爱身边的点滴小事。虽然身为武将，但足利义政是一位具有深刻精神内涵的人，也是一位优雅的美学家。在15世纪的日本，无论是水墨画、插花还是茶道，都需要这两种特质。

传说，某天，足利义政喜欢用来泡茶的杯子不小心摔碎了，他不忍丢弃它，将它送到产地去修复。杯子被送回时，将军十分失望，因为杯身满是可怕的金属框架。绝望之余，他把杯子交给了日本工匠，工匠被将军的执着所感动，想出了用细小的金粉填补裂缝的办法，在陶瓷表面形成了一道道闪闪发光的纹路。就这样，一个无

法使用的杯子变成了一件艺术品。

金継ぎ

受理想主义的影响，西方人常认为，裂缝远离了所希望的神圣的完美，是应受谴责的堕落的标志。而在日本，裂缝则是一切事物独特性的宝贵证明。裂缝讲述着这个物体的故事，强调了它在日常生活中的存在感，也因此比完整的事物更加珍贵。正是它的脆弱性让我们感受到了承载一切的时间的流逝。它也提醒着我们生命无常，人终有一死，我们必须在短暂的时间内生活得更充实。金缮这门工艺的目的不在于掩盖缺陷，而是通过对金银艺术的运用，凸显瓷器的裂缝，意义深远，耐人寻味。

41

鲤鱼旗

在日本，每年4月底到5月初，都能看到建筑物和独户住宅的旁边，以及河流和田野上，色彩鲜艳的鲤鱼旗随风飘动着。鲤鱼旗象征着力量和坚韧。有句谚语叫“鲤鱼跃龙门”，意指不费力气就能获得成功。悬挂鲤鱼旗是为了庆祝5月5日的儿童节，这一天也是黄金周公众假期的最后一天。虽然男生女生都过这个节日，但它更像是男孩节，因为女孩们有单独的女儿节（也叫桃花节），在每年3月3日，不属于公共节假日。1948年以前，鲤鱼旗是为了庆祝端午节，属于宫廷五项庆祝活动之一（还包括1月1日的新年庆祝活动、女儿节，以及7月7日的七夕节等）。

鲤鱼被认为是生命力最强的鱼类之一，代表父母对于男孩长大成人、身体健康、前程似锦的殷切希望。鲤鱼旗的起源至今仍不明确，大约可以追溯到11至14世纪之间。旧时，武士们在战场上通过鲤鱼旗来识别自己和自己的队伍，现今的鲤鱼旗可能就是受其启发。这些旗帜代表着家庭的不同成员，有的很小，悬挂在室内和窗户上；有的沿着河流分布，可以长达几米。埼玉县加须市（东京北部）有一个100米长的鲤鱼旗，必须用起重机吊起。此外，在屋内摆放微型武士铠甲是男孩节庆典的另一项主要活动。

鯉のぼり

42 角色扮演

少女忍者

虽然乔装已经存在了几个世纪，但直到20世纪人们才开始扮演电影和文学作品中的著名人物。就像许多日本特产和潮流那样，日本人也通过站在全新的视角，为乔装打扮艺术融入了自身独特的风格。早期的角色扮演者“cosplayer”——由英语单词“costume”（服装）和“player”（演员，玩乐者）组成的合成词——常常将自己伪装成西方科幻小说中的角色。高桥伸之在为1984年洛杉矶国际科幻大会撰写的一篇杂志文章中首次提出了“コスチューム プレイ /Costume Play”(变装游戏)这个词，后来被缩写成“コスプレ /Cosplay”。20世纪90年代，随着这种角色扮演越来越流行，该词也被广泛使用。

在许多领域，日本人因循守旧，墨守成规，生活较为压抑。“角色扮演”之所以广受喜爱，在一定程度上可能就是对这种生活状况的反映。在人们看来，角色扮演既能提供一种自我表达的方式，又能隐藏在面具之后，不暴露自己的真实身份，逃避现实。

日本的动漫凭借其丰富的戏剧性人物，已经成为许多角色扮演的灵感来源。这一领域最大的活动之一是每年举行两次的东京同人志展会，全称“コミックマーケット /Comic Market”， 这是一个以粉丝创作的漫画为基础的非营利展会。该活动在冬夏两季吸引了超过50万人参加，是全球最大的展会活动。日本的角色扮演对

コスプレ

世界各地的潮流都产生了深远的影响，从纽约到赫尔辛基，夸张绚丽的服装已经成为常态。最近，角色扮演者们看准了万圣节，成千上万穿着奇装异服的人在东京街头游荡。

43 漫画

在日语中，漫画（“まんが /manga”）的“漫”指“喜剧”，也有“不受限制”的意思。正是由于没有限制，日本漫画才有别于其他漫画。面向群体从儿童到上班族，漫画主题从科幻类、恐怖类说和色情类到政治、经济和社会学分析，日本每周都会出版各种类型的漫画。

“漫画”一词可能出现在 18 世纪末，最早指的是“黄皮书”，是草双纸（日本江户时代中期兴起的一种以插画为主的通俗读物）的一种，封面是标志性的黄色，每页都有插画，并在空白处插入对话。由于日语的复杂性，插入文字是一项巨大的挑战。所以，日本人干脆把文字和插图直接雕刻在同一块木板版画上。这样，文字和图像间就产生了协同性，这种特性很少出现在其他媒介上，并且一直留存至今。“漫画”一词在 19 世纪初随着《北斋漫画》的出版而流行开来。

《北斋漫画》是葛饰北斋的一本画集，里面收藏了这位浮世绘大师的 3000 多幅素描草图，为他的弟子们提供了丰富的学习素材。虽然日本的报纸和杂志从 20 世纪初就开始刊登漫画，但直到 60 年代才出现了漫画周刊和月刊。漫画发行总量达数亿，取得了巨大成功。从《攻壳机动队》到《龙珠》，几乎所有动画影视作品，最早都是以漫画的形式出现的。事实上，从漫画到动画，从电视剧到电影，整个产业已经极为成熟，以至于有人抱怨原创剧本的匮乏。

漫画

老婆婆捡了一个大桃子，把它带回了家。当老爷爷和老婆婆切开桃子想要吃它的时候，里面跳出来一个朝气蓬勃的男婴。这一定是天神赐予他们的。没有子女的两位老人喜出望外，给男婴起名叫桃太郎。

44 祭典

祭典是日本民间的宗教节日。虽然每个祭典都有自己的特点，但无一例外都与农业相关，几个世纪以来，这个靠土地生活的民族每年都会举行农家聚会。春天的祭典通常是为了祈求土地肥沃。

两千多年来，祭典过程中，人们用食物、音乐、舞蹈或是占卜祈求神灵降临。神灵从天而降，来到稻田边，预示着土地肥力恢复，新的农业周期开始。夏天，神灵保佑农作物的生长，驱散自然灾害；秋天，收割和感谢礼（即另一场祭祀活动）之后，神灵离开人间，到人迹罕至的地方冬眠，休养生息，为来年春天积蓄力量。随着时间的流逝，祭祀庆典已经不可避免地褪去了原有的宗教祈福色彩，变得世俗化。

庆典最引人注目的是游行队伍，他们抬着坐有“神灵”华丽的镶金轿子，将其送入寺庙。游行队伍如今更像是一场规模盛大的花车和服饰表演，音乐和舞蹈不再是神灵的专属，而是为了活跃气氛，原先祭祀用的食物也变成了五颜六色的街头小吃。

“嘿哟！”

热闹的队伍中，抬神轿的人各个身穿棉质短袖和服，头绑手拭巾（一种棉质薄手巾），喊着“嘿哟！嘿哟！”的口号，缓缓前进。

章鱼烧 & 串烧

没有屋台的祭典是不完整的。屋台，即色彩鲜艳的食物摊位，出售各种当地小吃，其中最著名的是章鱼烧，一种夹有章鱼丁的肉丸子。由调味鸡肉做成的串烧也深受欢迎，御好烧则是一种介于比萨和煎蛋之间的美食。祭典期间，还会吃团子，这是一种由糯米制成的甜丸子。

铁男根祭

铁男根祭，将古老的庆典与生育联系到了一起，因抬着巨型男性生殖器的图腾巡街游行而闻名。

游行终点是金山神社，情侣们相约前往此地祈求生子，祈祷婚姻幸福或生产顺利。祭典期间，阴茎形状的糖果、蜡烛和装饰品随处可见。

祭

45 雅

日本人对于美的追求在8至12世纪的平安时期达到极致。那时的平民百姓过着平淡无奇的生活，而宫廷里的贵族精英们则把大量时间花在智力休闲和社交娱乐上，孜孜不倦地投身于美的修行中，他们日常生活的点点滴滴都奉行细致的“雅”的行为准则。

首先是外表。女性的脸孔被装点得很具诱惑力，她们的嘴唇被勾勒得很小，白色的牙齿被黑色的油漆遮住，眉毛则被两条短线取代，位于原先位置的上方。“雅”的理念还包括知道如何根据季节挑选和服，选择最合适的香水和信纸，作一首即兴的诗取悦对话者，或是挑选雅致的音乐文学作品。总之，美是一种生活方式。

空熏

空熏，指的是焚烧混有蜂蜜的橡树小块，为衣物或是房间增添香味。此外，日本还有香薰比赛，参赛者焚烧各自调配的香料，由评审团选出优胜者。

结文

结文，即可缔结姻缘之文。在需要用到“雅”的艺术形式中，通信占有重要地位。一封成功的书信可以升华爱情，或催生爱情。信的内容通常以诗歌的形式出现，字迹、信纸颜色和香味也极为重要。把写好的书信小心翼翼地折叠好，绑上配好的花朵或嫩枝之后，就可以寄给心上人了。

歌合

歌合，是一种诗歌比赛，在贵族中很常见。参赛者分成两组，评判人给出题目或主题后，两个小组即兴发挥，现场作诗。一场比赛可能会产生数百首作品，其中一些会入选由天皇出资编写的诗集。

雅

46 风俗业

多年来，日本一直自豪地宣称娱乐业的营业总额高于国防支出。虽然 20 世纪 80 年代的繁华已经不复存在，但夜间娱乐仍旧是一个庞大的产业，其中风俗业（水商売）更是占了半壁江山。

从字面上看，“水商売”指的是贩卖饮品的商店，但实际上它指的是夜总会、小吃店和其他卖酒的风俗场所的总称，且客人通常不分男女。这个词的来源仍然是个谜。根据一种假说，“水商売”可能来自于“水茶屋”，一种出售茶水的约会场所。虽然各处“水商売”的环境氛围、员工、客户、活动和价格各不相同，但它们也有一些共同点，例如，顾客需要支付昂贵的饮品费和其他费用，回报妈妈桑的陪伴。对很多日本人来说，“水商売”是一种治愈心灵的场所。妈妈桑适时的陪伴和耐心的倾听，是用来缓解工作压力有效的形式。

歌舞夜总会

歌舞夜总会是风俗业发展的最终阶段，他们的工作人员多为女公关，她们穿着华丽的晚礼服，梳着华丽的发型。这类夜总会消费极高，但许多商业合同正是在这里签订的。也有专为女性顾客服务的歌舞夜总会，收费高昂。

小吃店（提供简单饮食的酒吧）

随着 1964 年奥运会的临近，日本决定改变其夜生活的形象，小吃店应运而生。小吃店提供简餐，这样就能绕开法律，营业到很晚。成千上万价格亲民的小吃店坐落在偏僻的街道或娱乐区，经营者叫“妈妈桑”（ママさん /Mamasan），他们为顾客（大部分是常客）服务，帮其点烟，和他们一起歌唱。

水商売

47 物哀

樱花之所以深深打动着日本人，是因为这种令人叹为观止的美景只持续短短两三天；秋叶之所以是众多诗人吟唱的对象，也是因为它们绚丽的色彩在冬日来临前闪耀着最后的光芒。

“物哀”一词描绘的便是对这种理想的却又短暂的美的迷恋。9世纪初，宫廷里的雅致圈子发明了该词，其后它便一直是诗歌吟诵和感叹的对象。“物哀”是“对事物的感知”的一种，它暗示世间之美绽放到极致之时也是其消亡之时。这个词描绘了人们面对美景时的赞叹和悲伤，才刚刚体会到美，就要面临失去，永远难以捉摸。它包含了佛教对万物转瞬即逝的本质的认识，以及万物永恒变化的概念，这种转变是通过季节的更替和宇宙的蜕变体现出来的。

这种美学意识并没有随着宫廷文化的消失而消亡，它贯穿了日本的整个诗歌史。到了现代，川端康成带领读者重新认识了它的魅力；2007年，新海诚的动画电影《秒速5厘米》也出人意料地围绕“物哀”这一主题展开。

绵绵春雨樱花褪，
容颜不再忧思中。
樱花色消容颜老，
余身徒然淫雨中。

——小野小町（9世纪女诗人）

我并不抱怨同花朵、昆虫、星星生活在一起的命运。
在这个一切都如同梦幻的世界上，永存不逝，那一定会深自悔恨。

——紫式部《源氏物语》（10世纪）

物の哀れ

48 根付

根付（ねつけ /netsuke）是一种造型独特的功能型微型雕刻，为日本独有。

日本江户时代（从 17 世纪开始），人们习惯将个人物品装在和服腰带上的小袋子里，并通过一根绳子连接，绳子另一端（根）便是根付，起固定（付）作用。除了自身的实用功能外，这个最初只是作为基础配件的装饰还渐渐发展成为了一种艺术品，其材料之珍贵程度和雕刻技艺之高超程度，反映了佩戴它们的武士和商人的地位。

最古老的根付由小南瓜、贝壳或树根雕刻而成。随着时间的推移，制作根付的材料被牛角、象牙，及珍贵的木材如乌木或檀香木等所替代。根付雕塑的主题多种多样，展现了江户工匠的想象力、观察力和幽默感。除了生动地再现日常生活场景外，根付还逼真地刻画了神话中的英雄、传奇人物、恶魔、神灵、神奇的动物和鬼怪、鲜花、昆虫、戏剧面具……有时也有情爱题材，它们通常通过客观的方式呈现故事，并且不带有任何偏见。

另一端连着烟袋的根付叫镜盖根付，呈小碗状，可当便携式烟灰缸使用。根付凭借其多样性和注重细节的特点，深受日本古董收藏家追捧。

印笼

在日语中，随身悬挂着的物件统称为“提物”。包包不是江户时代绅士唯一的提物。提物还包括书写装备、烟盒、烟袋和印笼。印笼是一种装饰精美的涂漆盒子，内有隔层，用于存放印章或药品。

根付

49 忍者

神秘人身穿黑衣，装备着秘密武器，深夜从城堡的屋顶上掠过，杀死大名，然后消失在烟雾中。这一经典的忍者形象常常出现在故事、电影和漫画中，并被翻译成各种语言，为全球观众所熟知。如果说有什么人物比武士更神秘的话，那必定就是与武士亦敌亦友的“忍者”了。

关于“忍者”一词的来源，一直争议不断。最早的时候，忍者在日语中读作“しのび /shinobi”，后来被“にんじゃ /ninja”取代。“しのび”和“にん”都可以写作“忍”，意思是“隐藏”，但也有“抵抗”的意思。

忍者的起源尚无定论，可能与“山伏”有关。山伏是指深山里的苦行僧，他们在中国武术典籍的基础上，发展出了新的战术策略和技术。有人认为忍者是从武士中招募的，但他们更可能是来自偏远地区的人，并以伊贺和古贺两个氏族为主。这两个部落的忍者们在很小的时候就开始学习攀爬、游泳、奔跑、跟踪和野外生存。据说忍者不仅学会了使用武器和徒手的战斗技巧，还学会了制造爆炸物、毒药和其他药物，甚至掌握了变装、易容和心理学。所有这些知识统称为“忍术”。虽然大多数介绍这些技能的书面资料都出现在江户时代（1603—1868）之后，但是忍者的鼎盛时期出现在战国时代（1467—1585 或 1615），这一时期，有许多关于他们如何在戒备森严的情况下潜入城堡并取得英勇战绩的记载。据说，他们的主要任务是混入人群，监视和收集信息。

像武士一样，和平时期的忍者没有存在的必要，这可能就是为什么他们中的一些人会被招募到江户城堡当护卫和捕快的原因。

忍者

50 能剧

在日本所有的传统戏剧中，能剧是最贵族化、最具教养、最具灵性的。剧中所讲的故事不是为了娱乐观众，而是为了治愈灵魂，照亮深渊。

能剧诞生于神圣的宗教仪式，是一种萨满哑剧，意在向人们展示神灵或恶魔。当能剧脱离了宗教背景成为一种单纯的戏剧形式时，它仍旧保持着初衷，即“揭露并治愈某些精神疾病”：它可以是一种悔恨，或是失去孩子的母亲的痛苦，又或是爱而不得时产生的毁灭性的、破坏性的嫉妒……

能剧的故事情节常常起源于某种执念：主人公（日语中叫“仕手”）饱受阴影困扰，一蹶不振或一病不起。解脱的过程通常始于一个作为配角（脇/わき/waki）的陌生人的出现，他们一般是擅长帮人排忧解难的佛教徒。他采用精神分析疗法，引导着主角宣泄情绪，通过闪回的方式重现那些让主角陷入绝望的事件，从而对过去释怀并获得新生。

能剧的舞台布置采用简洁的风格，一方面，押韵的吟诵，如同唱歌一样，加上面具，这些元素使能剧成了一种带音乐伴奏的视觉艺术；另一方面，舞蹈伴着长笛和鼓声，以朴素但却优雅的方式讲述了故事情节。能剧的一切设计都是为了给观众留下深刻的印象，并将其带入故事高潮。

狂言

狂言是一种幽默的幕间短剧，主要作用是缓解能剧前两幕的紧张情绪。演员穿着剧服，故事通常以爱情、封建领主、苦行僧或僧侣为中心（以反教权为主题）。剧里最常见的主人公是仆人太郎冠者，讲述太郎各种不幸的遭遇。

能
姫路城
第24回 やまぶき能
第24回 棣棠能剧
時 平成31年9月12日(木)
时间 平成31年9月12日(周四)
処 姫路城 三の丸広場
地点 姬路城 三丸广场
能 花月 根岸正実
能剧 花月 根岸正实
狂言 粟田口 大谷祐三
狂言 粟田口 大谷祐三
学 やまぶき能勉強会開催中(先着100名・会費無料)
学 棣棠能剧学习会举办中(前100名免会费)

2019 年夏季
东京丸之内
盂兰盆舞大会

51 盂兰盆节

盂兰盆节，又称日本鬼节，类似西方的圣诞节。每年 7 月中旬至 8 月中旬（视地区而定），日本人都会回到老家参加为期三天的庆祝活动，纪念先祖，庆祝家族的延续。

日本社会由氏族组成，虽属于不同的分支，但日本人共同的祖先赋予了他们凝聚力和团结力。祖先化作大自然的神灵，守护着家族，并赋予后代独特的家族印记。

日本人崇拜祖先，因此，他们每年都会精心准备这个节日。节日当天，全家人会在坟前点上纸灯笼，呼唤亡灵。房屋的入口处也会摆放灯笼，欢迎先人的灵魂参观他们生前居住的房屋。屋内，也做好了迎接贵客的准备：主屋的神龛里，摆放着鲜花和供品，包括米饭、水果、茄子、西葫芦、蛋糕，当然还有死者生前最喜欢的菜肴。

盂兰盆节并不是个悲伤的日子，因为除了祭奠逝去的亲友外，每家每户还会举行一场欢乐的家庭庆祝宴会，此外，寺庙前、海边或是河岸上会聚集大量人群，大家齐跳盆舞。

放灯

数以百计的灯笼漂浮在河流之上，是盂兰盆节最具象征意义的画面，寓意先人们的灵魂在节日之后，乘坐小稻草船，回到彼岸。在向祖先致敬的同时，这个节日也象征着他们的投胎转世，不再折磨活着的人。

ハァ〜踊り踊るなら
哈啊~如果你想跳舞
チョイト東京
就伴着东京舞曲
音頭ヨイヨイ
呦咿呦咿
お盆

52 民间舞

日本传统舞蹈分为两种。一种是出自能剧和京都贵族传统的“舞”（まい/mai），有所节制的动作，节奏缓慢，舞姿富有象征意义。另一种是出自歌舞伎的民间舞“踊”（おどり/odori），活泼、节奏感较强，有许多跳跃和踢腿的动作。

“踊”是一种在城市和乡村节日期间表演的民间团体舞蹈。最具代表性的节日是欢迎先人灵魂重返人间的盂兰盆节（也称盆舞节）。盆舞以其古老的节奏为特色，到了盂兰盆节那一天，男女老少聚集在街道上，举行热闹的庆祝活动。每个地区都有自己特色的音乐和舞姿，但共同点是，所有盆舞都会有鼓声伴奏，并用手脚打节拍，非常有节奏感。表演者时而摇摆旋转，时而如一尊雕像般定在原地，精心编排的舞蹈让人惊叹不已。

踊り

阿波舞

阿波舞是一种特殊的盆舞，1586年起源于德岛县。当年，当地的大名蜂须贺家政组织了盛大的庆祝活动来庆祝城堡的建成。舞者们在三味线、鼓声、长笛和钟声的伴奏下，唱着歌，翩翩起舞。

风之盆

三百多年来，每年9月1日至3日，富山市人都会跳“风之盆”舞，目的是预防台风。或许是为了不让神明认出，男男女女们都头戴草编斗笠遮住了脸，在街上舞蹈至第二天天明。

麻雀舞（仙台雀之舞）

麻雀舞是石匠们为庆祝大名伊达政宗的仙台城堡完工而即兴创作的舞蹈。大名纹章上出现的两只麻雀激发了工人们的灵感。如今，每年5月举行的仙台青叶祭典上，都会表演麻雀舞。

53 什锦烧

借助日本动漫，备受好评的大阪什锦烧传到了西方，这是一道介于比萨和煎蛋卷之间的菜肴。多田薰的漫画《骑士爱我》里的女主角在父亲开的餐馆里做的菜正是什锦烧。

什锦烧在日语中被称作“お好み焼き”（おこのみやき /okonomiyaki），意思是“随你喜好，把我和任何你想要的食物混在一起”，也就是说，什锦烧在制作时拥有很高的自由度，无论是加入广受欢迎的食材，还是冰箱里剩余的材料，都可以完成一份美味无比的什锦烧。

制作什锦烧时，面团配方是固定的，由面粉、水和鸡蛋组成，再加上大量切得很细的卷心菜，煮熟后，卷心菜便会融合到面团中。内行人还会在面团中加入一些磨碎的山药，山药的黏性可以增加面团的油腻感。面团

お好み焼き

做好后，便是你自由发挥想象力的时候了。

一般来说，日本人喜欢在什锦烧中加入洋葱、生姜、豆芽、猪油或虾仁（或两者兼而有之）。将所有食材混合装进一个碗里，然后倒在预热好的铁板上。待两面都煎熟后，淋上多福酱（一种又甜又浓的酱汁）和蛋黄酱，美味的什锦烧就完成了。

铁板烧

制作日本铁板烧的铁板较为特殊，源自20世纪初的韩国，可以用来烹饪各式菜肴，包括著名的串烧。铁板通常由炉子加热，位于餐桌中央或是吧台之上，这样，每个人都可以自行制作菜肴。铁板烧日语“鉄板焼き/teppanyaki”中的“焼き”意为“烧烤”，最典型的铁板烧是博多烤肉，由薄牛肉片制成，尤以表面有纹路的神户牛肉为佳，再配上香菇或是薄葱段。也可以将荞麦面放在铁板上制成炒面。广岛人喜欢在什锦烧上盖上一层炒面，再在上面放上荷包蛋，制成“广岛烧”。

54 相亲

几个世纪以来，婚姻在日本一直是整个家庭的事情。几十年前，包办婚姻还是一种常态。如今，仍有约 6% 的日本人的婚姻被包办。当然，建立在自由恋爱基础上的婚姻也越来越多，但仍旧有许多人是在仔细衡量了双方的优缺点（如家庭等级、教育水平、工作稳定性、外貌……）之后，才选择了另一半。日本人普遍认为，只有夫妻双方的优点达到平衡时，婚姻关系才能稳固和谐。

超过 90% 的日本女性坦诚地说她们渴望婚姻，但并不奢望幸福。在日本这样一个由氏族通婚产生的社会中，家庭构成了所有的社会关系，社会稳定是一切之根本。面对这一崇高的目标，诸如个人满足感这样琐碎的小事不足挂齿。统计数据也证实了这一点：在相亲促成的婚姻中，离婚的情况要少见得多。

お見合い

媒人

相亲在日本是一个高度仪式化的活动，由媒人精心策划而成。媒人通常是一个值得信任的中间人，如亲戚、领导，或是朋友。相亲的男女见面之前，媒人会列出一份两人的优缺点清单，尤其侧重比较两人的出身和文化背景，然后组织双方及其家人见面。婚后，夫妻婚姻出现危机时，也可以请媒人出面调解。

订婚仪式

在隆重的订婚仪式上，夫妻双方互换彩礼，每个地方的彩礼风俗都不同。依照传统，丈夫除了要给岳父母家准备一份礼金外，还要送上腰带、扇子、鱼干和一系列寓意婚姻美满长久的礼品，如松树、李树、仙鹤或是乌龟。

55 御神签

在日本，无论造访神道教神社还是佛教寺庙，一定要抽支御神签才算完满。御神签，即写在一张纸条上的占卜性文字。解签是件严肃认真的事。某些游客较多的寺庙提供了自动贩售机，在那里求得的御神签解读起来往往较麻烦。在某些神社，求签仍旧保持着最原始的魅力：求签人手捧签筒，不断摇晃，直至一根竹签落地，竹签上写有一个数字，代表运势。

签文通常是一首古诗，辅以一段更易理解的文字，描述求签之人在各方面（如爱情、工作、健康）的运势。在细细解读签文之前，会看到几个大字：大吉、小吉、凶、大凶，预示不同程度的吉凶。依据日本传统，抽到的凶签不能带回家中，因为这样做的话不幸将伴随着你。一般的做法是将纸条重新仔细折好，绑在松树上。在日语中，“松”（まつ /matsu）本身也包含“等待”的意思。同时，也有一些人认为，抽到的“大吉”也应当绑在松树上，因为过度的好运会让人骄傲自满，带来厄运。

绘马

绘马是许愿的一种形式。日本人将自己的愿望书写在特制的牌匾上，挂在寺庙里。最常见的绘马呈五边形，木质，一面印有圣物的形象，比如稻荷神的使者——狐狸。

御守

御守是一种可以保护人们免受疾病和失败（如爱情、学习等）侵害的护身符，上面写有愿望，通常装在小布袋中，不能打开，否则就会失效。如今，御守已成为日本人挂在包袋或是手机上的不可或缺的饰品。

おみくじ

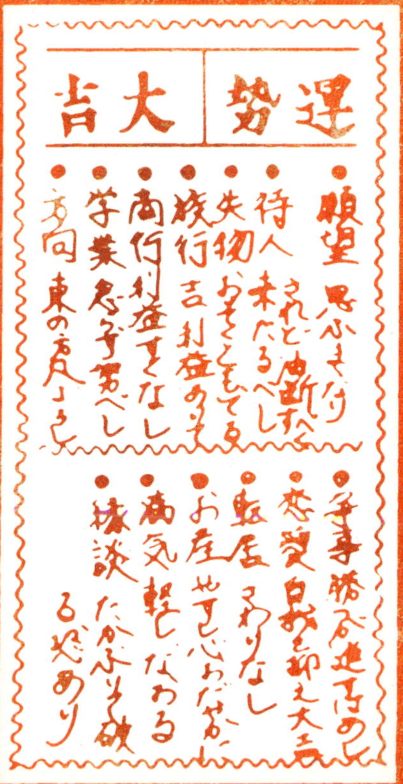

运势大吉

愿望 如愿，但如果疏忽大意，就无法实现

等人 应该会来

失物 再晚也会找到

旅行 吉，有益出行

生意 小有获利

学业 不可心急，努力就有收获

方位 吉位在东方

争端 会取胜，但须步步为营

恋爱 管控好自己就会大吉

迁居 可以，但不可着急

分娩 安心，一切顺利

病症 会得到缓解

亲事 恐怕会遭遇毁约

御神签

56 殷勤的待客之道

能够在客人意识到他们的需求之前就预测他们的需求，并悄无声息地满足他们的潜在需求，无疑是客户服务的终极目标。“殷勤的待客之道”的日语“おもてなし /omotenashi”本意是“没有面具”（即没有表面一套，背面一套），也就是说，这种殷勤的服务不是流于形式，而是发自内心的。这是一门在客栈里经过几个世纪的实践才形成的艺术，如今，这一待客之道涉及了全日本的各个服务行业。

在传统的日式旅馆里，顾客们回到自己的房间时，会发现蒲团已奇迹般在合适的地方摆放完毕，或是被茶几取代。事实上，这个日本特有的概念的根源可以在最具日本特色的仪式——茶道中找到。禅宗和茶道大师千利休将“殷勤的待客之道”融入茶道，精进了茶道仪式和茶道文化。

在日语和法语中，表示“主”和“客”的都是同一个词，既指提供服务的人，也指接受款待的人。“殷勤的待客之道”也无主客之分，在款待客人、服务顾客的同时，更重要的是真诚而贴心地关怀客人。

法日混血主持人泷川雅美在日本申办2020年奥运会的一次演讲中使用了这个词，从而使得该词在日本乃至全世界得到了真正的认可。

如果要批评“殷勤的待客之道”，往往是因为他们过度的奉献往往与微小的收效不成正比。

おもてなし

57 鬼族

传说中的妖魔鬼怪是好是坏？这个问题不得而知。然而有一点毫无疑问，日本神话故事中这些凶神恶煞的鬼族肯定是可怕的。传说中，这些拥有强大力量的巨大生物长着犄角、爪子、厚厚的皮毛，有的还有獠牙。据说，它们有的有两只眼睛，十多个手指，皮肤呈红色或蓝色，身穿虎皮制成的衣服，手持铁棍。

起初，鬼族象征着自然的力量和祖先的精神：它们凶狠的目光总是死死地盯着邪恶。到了 8 世纪，鬼族被认为是地狱的守护者，折磨着受诅咒的灵魂。正是这一点使人们对鬼族产生了负面的印象，它们被认为是可怕的破坏者，并从遥远的地方带来疾病和灾难。因此，在许多动漫作品中，鬼族都以恶魔的形象出现。但在富坚义博的漫画中，鬼族们化身成了华尔街上的经纪人。

节分

每年 2 月 3 日，也就是大约在农历新年的时候，是日本的传统节日“节分”。每年的节分，许多佛教寺庙和神道教神社都会举行仪式，祈求消除来年的疾病和不幸。节日当天，一家之主化身成鬼族，受到孩子们的欢迎。孩子们拿着烤过的豆子扔向鬼族，并大喊着：“幸福来临，恶鬼快走！”然后捡起比自己年龄大一岁数量的豆子吃掉，以求来年好运。

金棒

鬼族持有的带凸起的金属长棍叫“金棒”。日本有句谚语叫“鬼に金棒”，意为“使强者更强”，也就是“如虎添翼”的意思。

節
鬼
節
分

58 折纸

折纸（折り紙 / おりがみ /origami）在日本已经有一千多年的历史。与其他艺术一样，折纸在平安时代（794 － 1185）的京都宫廷盛极一时。日本和纸的强度、韧性和可塑性在折纸艺术的发展中起着至关重要的作用。

和纸通常由纸桑树的纤维经长时间的加工而成，可以保存几个世纪。如今，出于经济因素的考虑，折纸术会使用普通纸张，但专业人士和爱好者仍旧坚持使用和纸。最早的折纸是用于神道教仪式的纸制装饰品，这种装饰品现在仍然用于婚礼。

14 至 15 世纪，随着关于折纸的书籍的出版，折纸术渐渐在民间流传开来。仙鹤是最著名的形状之一，它频繁地出现在 17 世纪同样用和纸绘制的浮世绘中。仙鹤是和平的象征，常被用来纪念广岛和长崎的原子弹受害者。很少有日本人在学生时代没有学过折纸。19 世纪的德国教育家弗里德里希·佛罗贝尔鼓励公立幼儿园

的孩子们学习折纸，从而促进了这项艺术的普及。

虽然几个世纪以来，折纸的基本方法没有太大改变，但出现了新的技术，比如湿折法。“折纸”这个词已经在世界各地的多种语言中出现，对许多人来说，这种艺术是一种愉快的能暂时逃离地狱般节奏的现代生活的方式。

59

御宅族

在日本文化相关的术语中，“御宅族”很难定义，因为它的含义因用户而异。最初，御宅族是指“你的家”，因此，是一种礼貌地称呼对方的方式 。在日语中，称呼自己或他人从来都不是一件易事。据报道，在20世纪80年代，“御宅族”一词最初被动漫人物用来互相称呼，后来被粉丝们采用，指代动漫电影发烧友。不久后，“御宅族”被用来借指漫画、网游爱好者和收藏家。

一些人认为，御宅族无法承受日本严苛的教育体系的压力，像是一个无能的局外人。这些人通常缺乏社交技能，恋爱之路坎坷（或者对爱情不感兴趣），但却热衷于某种特定的流行文化。1989年，一名二十多岁的年轻男子因连环谋杀女孩而被捕。警方发现他收藏了大量动漫作品，媒体戏称其为“御宅杀手”，“御宅族”这个词也因此声名狼藉。如今，对某事物的爱好者都可以自称为“御宅族”。

おたく

东京最好的一所大学开设了专门研究御宅族三要素的专业，即动画、漫画、游戏。由政府发起的旨在向全世界推广日本文化的“酷日本”运动就是以这三种要素为基础的。

蛰居族

窝在房间内不出门的极端御宅族被称为“蛰居族”，他们通常来自富裕家庭。

60 寺庙

无论是路边的小庙宇还是宏伟的神殿，日本总计有超过 15 万座供奉神灵的建筑。但大多数日本人没有浓厚的宗教意识，他们既可以在神道教的神社举行婚礼，也可以在佛教的寺庙举行葬礼。

中国乃至印度对日本寺庙的影响远远大于神道教的神社。想要区分寺庙和神社，只需看两者的入口。寺庙入口通常竖有一对面目可憎的金刚像，守护着佛祖免受妖邪的侵袭。而神社的入口通常是一座木制的鸟居。两者共通的地方在于，木材都是建造者首选的建筑材料。

经历了多次地震、火灾和战争后，一些享有盛名的寺庙和神社被多次摧毁和重建。位于三重县的伊势神宫及其 125 个社宫是日本的神道教圣地。1300 年来，它的两个主宫每隔 20 年都会依古法拆除并选址重建。

在日本，无论是寺庙还是神社，都不像基督教、印度教、伊斯兰教或犹太传统那样作为群众礼拜的场所。神社或寺庙的建筑外观、内部装饰和氛围往往朴素但又不失宏伟。三十三间堂的 1001 尊观音像，以及世界上现存最大的木制建筑——奈良东大寺的巨大青铜佛像，都令人叹为观止。一些寺庙设有供僧侣居住的僧房，而另一些则处于被遗弃的状态。

お寺

61 乐烧

乐烧这种独特的陶瓷，既质朴又精致，最适合茶道。茶道大师千利休（1522－1591）下令让陶艺师长次郎设计一款与茶室和周围花园的简朴禅意相协调的茶碗。茶碗必须简朴、不透明、色彩素雅、形状不规则，与精心装饰的如玻璃般透明并呈现出一种冰冷之美的传统陶器相距甚远。

长次郎立即动工，他颠覆了传统工艺，最终创造了乐烧茶碗。乐烧茶碗由纯手工制作，不借助任何工具，因此成品不像传统陶瓷般精巧、规则，具有完美的对称性，而是体现了大自然的随意性和自发性，传递了制造者的热情，他们正是在这种热情之下刻意创造了不完美的茶碗。乐烧茶碗就像一件艺术品，每一件都是独一无二的。

起初，根据釉色，乐烧茶碗只有单色，分黑乐和赤乐。随着时间的推移，金属氧化物被添加到粘土中以获得其他颜色。制作时，需在陶瓷还处于红热燃烧状态时就将其从炉中取出，然后转移到地面上的一个洞里，或是装满树叶、稻草或木屑的容器里。容器内的物体迅速被点燃，在大火蹿升时，迅速盖上盖子，产生大量白烟，使得釉药里的部分金属氧化物被还原成纯金属，在表面形成闪闪发光的纹路，这些纹路成为乐烧的一大特色。在这一点上，制作一件优秀的乐烧成品还需靠运气。不论多么专业的陶艺家，每一次最终的效果总是不同的，无法预测。

如今，乐烧陶瓷遍布世界各地，但最受推崇、最接近传统的还要数长次郎的后代制作的乐烧。长次郎的第 15 代传人乐吉左卫门，在他祖先位于京都皇宫西侧的工作室里，以同样严谨的态度、和谐的风格，创造着一件件精美之作。

楽焼

62 拉面

除了寿司，拉面无疑是西方人最熟悉的日本菜，动漫中经常也会出现它的身影。有一种速食版拉面，无论身处何地，只要加适量热水，三分钟内就能煮好。然而很少有人记得，拉面最早起源于中国。

长崎曾是与中国大陆连通的桥头堡，拉面也因此在长崎的传统习俗中占有重要地位。长崎当地特色的杂烩面，由猪肉高汤煮制，再配上油炸蔬菜、鸡肉和海鲜。札幌人喜欢将细面浸润在味噌（发酵大豆）汤中；而在东京，大家更喜欢深色的酱油汤底，配菜不限，从鸡蛋到蔬菜，再到薄薄的叉烧和海苔，全凭厨师发挥想象。

品尝拉面时，遵循先面后汤的原则。吃的时候务必要发出声响：为了证明这道菜的美味程度，舌尖的“咔嗒咔嗒”声和吸溜声是必不可少的！

ラーメン

乌冬面

粗粗圆圆的乌冬面是大阪和京都地区的传统食物，可搭配不同种类的汤底。“狐𫗴饨”（狐狸乌冬面）因加入了狐狸爱吃的日式油炸豆腐而得名。天妇罗乌冬面通常配炸虾食用。狸猫乌冬面（炸面饼乌冬面）则将汤底和油炸物融合在了一起。

荞麦面

江户（东京）地区传统的荞麦面不仅可以放入高汤中食用，还可以在锅中加肉丁和蔬菜制成炒面，或是淋上日式面露汁制成竹笼荞麦冷面，再放入碗中单独食用。荞麦的意思是“亲密的”，因此日本人迁入新居时有送邻居一包荞麦面的习惯，希望邻里关系像面条一样又长又滑（长久和睦）。

63 日式传统旅馆

世界上历史最悠久的公司中，前五家都是日本公司，其中三家是建于 8 世纪初的日式传统旅馆。日式传统旅馆分布在日本全国各地的温泉地区和公路沿线，但在大城市却很少见。

这些传统旅馆通常由铺满榻榻米的房间、滑动隔板、浴室和门厅组成。榻榻米上有工作人员反复折叠的蒲团（被褥），供旅客睡觉使用。还有棉质和服（浴衣），可以根据客人的意愿，在旅馆内外穿着。旅馆早上供应传统日式早餐，晚餐则供应怀石料理。

几个世纪以来，有些旅馆在室内设计中加入了现代元素和西式菜肴，但日式传统旅馆的运营方式基本没有太大的改变。

旅館

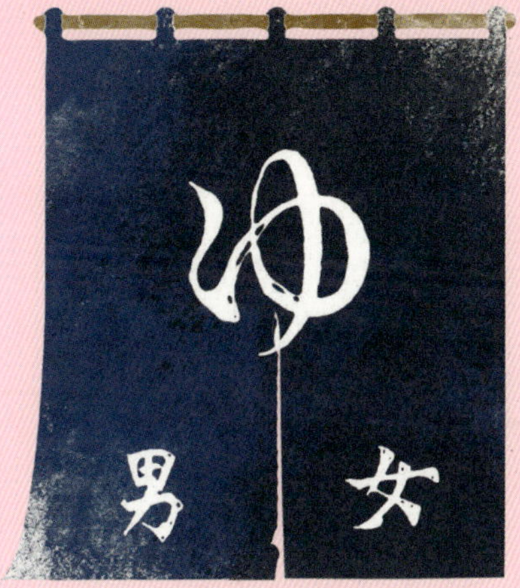

幕帘（幕 / まく /maku）

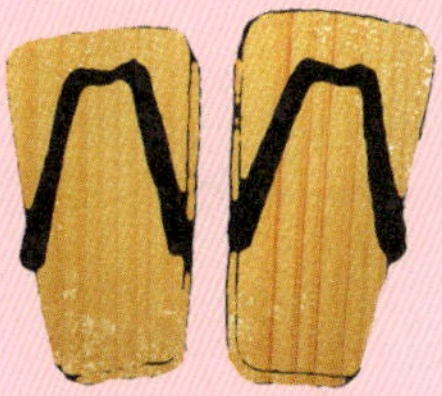

木屐（下駄 / げた /geta）

日本清酒（酒 / さけ /sake）

温泉

不幸中的万幸：这个地球上地震最活跃的国家有着丰富的温泉资源。据报道，从南部的冲绳岛到北部的北海道，在整个日本国土上有超过三万个温泉和三千多个温泉小镇。许多这样的温泉都建成了传统日式旅馆。但也有独立的，用作公共浴场，价格亲民。

日本的热水浴除了能清洁身体外，还能舒缓压力，促进人们的交流。此外，温泉水中含有的丰富的矿物质，对人体健康有诸多好处。在过去，男女混合浴室非常普遍，受到道德规范的影响，男女混浴的做法现在已大大减少。冬天的夜晚，泡着露天温泉，看着白雪与热水交融，无疑是一次令人难忘的经历。

木桶（桶 / おけ /oke）

绿茶（緑茶 / りょくちゃ /ryokucha）

64 料理

在日语中，“料理”的意思是“美食，饮食”，是许多与烹饪相关的术语的后缀，其中，有两个词尤为重要：“精进料理”和“怀石料理”。

在日本的众多烹饪风格中，“精进料理”是最有意思的一种。这是一种素斋，由大米、豆腐和蔬菜精心制作而成。就像日本文化的许多元素一样，“精进料理”循着佛教传播的道路，从印度经中国、韩国到达日本。许多佛教寺庙都提供这种精致的改良菜肴。16 世纪，随着精进料理的兴起，禅僧千利休将其应用到了茶道上。这也是京都“怀石料理”的起源。

“怀石料理”的特色首先在于它的选材，由丰富的鱼、肉和蛋类精心烹制而成。如今，“怀石料理”至少包含12道特色菜肴，堪称世界之最。料理的饭菜不仅美味，还融入了美学概念，就连榻榻米屋内的装饰也是经过精心设计过的。在一些高级餐馆里，餐厅通常面朝日式庭园。

日本料理风格多变，然而，有一样东西却是固定的：那便是品尝时需要用到的筷子以及制作料理时需要用到加长筷子。筷子由中国和韩国传入日本，最初由竹子制成，后来也可以用紫杉木等其他材料在表面刷漆后制成。

料理

65 清酒

清酒曾经是日本唯一的酒，如今，其销量虽然不如啤酒、烧酒和烈性酒。然而，清酒蕴含的文化意义却是其他酒类无法比拟的，它的另一个名字——“日本酒”充分显示了它的重要性。

日语“お酒 /osake”是所有酒类的统称。关于清酒的书面记载最早可以追溯到3世纪，一篇中国文章记录了日本人对米酒和舞蹈的偏爱，由此可见，清酒可能在此之前就已经存在了。8世纪，清酒是由酒曲（一种曲霉）发酵而成，几个世纪以来，得到了人们不断的改进和完善。10世纪，清酒主要在神道教的神社和佛教的寺庙中酿造，直到今天，清酒仍然用于一些宗教仪式和庆典中，包括婚礼、新年庆典和相扑比赛。

清酒的质量取决于大米和水的质量，当然还有酿酒的方法和酿造者的专业程度。不同种类的清酒味道差异较大，有甘口和辛口之分，甘口清酒微甜，辛口清酒浓厚辛辣，这是因为在发酵过程中糖分被转化成了酒精。清酒的酒精含量略高于葡萄酒，冷热皆可饮用。每种清酒都有各自的最佳饮用温度，但为了避免失去某些微妙的味道，优质清酒很少加热饮用。

日本人通常会把清酒倒入长颈陶瓷酒瓶中再呈上桌，再倒入小酒杯中。他们饮酒时还会用到方形的木质容器“枡”，其作用有两个：一是在仪式上打开大桶清酒时用于品尝；二是在餐馆里用于盛放酒杯，对其加热或是接住溢出的清酒。

升（枡 / **ます** /masu）

烫酒（熱燗 / **あつかん** /atsukan）

酒

味淋

“味淋”是一种甘口清酒，酒精含量较低，常被用作酱汁、腌料或是寿司米的调味料。

66 武士

武士在日语中被称为“侍”（さむらい /samurai），字面意思是“服务”，有时也被称为“武士”（ぶし /bushi）或“武家”（ぶけ /buke），后者可以理解为“贵族武士”。这个群体最初受封建领主雇佣，保护领主和他们的土地。

虽然这一职业大约出现在 8 世纪和 9 世纪，但“武士”一词直到 12 世纪才被广泛使用。10 世纪，宫廷势力的软弱导致了权力真空和氏族争斗。皇族的两个主要氏族——平氏和源氏，他们在不断变化的联盟、背叛和血腥暴力的混战中战斗了几个世纪。从那时起，权力从宫廷贵族转移到武士手中，整整持续了七个世纪。13 世纪下半叶，蒙古人入侵日本，各部族短暂地团结到了一起对抗外敌。但他们对权力的渴望最终引发了内战，这段时间被称为“战国时代”（1467 － 1600）。

随着禅宗在日本的传播，许多武士被它的教义所吸引——自律、严苛、果敢、接受死亡。有些武士还开始从事艺术活动，如书法、诗歌和茶道。

虽然有些武士出身高贵，但也有一些人是农民出身，他们通过战争获得了荣耀，比如最终统一了日本的丰臣秀吉。他还改造了“四民”（士农工商）制度，在这一制度下，武士最为尊贵，位于金字塔顶端。这个制度阻碍了当时日本社会的阶级流动性，讽刺的是，丰成秀吉本人正是依靠这种流动性登上了权力的巅峰。在江户时代的两个半世纪里，占人口近 10% 的武士已经变得一无是处。他们中的大多数人成为官僚，一些人变得穷困潦倒，另一些人则成为罪犯。明治维新正式结束了武士制度，但武士身上的光环在那之前早已消失殆尽。

侍

侍
さむらい
武士
曾听赵高刑咸阳，禄山亡凤翔。
是以前圣慎而得垂法于将来也，
后昆顾而不取诫于既往乎？

太平記英勇傳
太平记英勇传
蒙窃采古今之变化、
察安危之来由、
覆而无外天之德也。
明君体之保国家
载而无弃地之道也。
良臣则之守社稷
若夫其德欠则虽有位不持。
所谓夏桀走南巢、殷纣败牧野。
其道违则虽有威不久。

浪人

因死亡、背叛或不幸等原因而失去主君的武士，被称为“浪人”（ろうにん/ronin），字面意思是“漂泊的人”。这个词现在也可以用来指高考失败、在家赋闲的年轻人。与“武士”几乎同时出现的“浪人”，在日本战国时代需求量很大。日本最伟大的剑客宫本武藏也是一名浪人，他游历日本各地，参加过许多决斗。

江户时代的日本较为和平，等级制度森严。虽然浪人的数量有所增加，但合法使用武器的场合却在减少。他们中的一些人走上了保护雇主及其财产的道路，另一些人则成了黑帮甚至土匪强盗。但这也是《四十七浪人》——这个日本民族传奇故事发生的时代。故事讲述的是藩主浅野长矩受德川幕府礼仪官吉良上野介侮辱，欲将其杀害以洗刷耻辱，不料吉良上野介只是前额受伤，浅野长矩则被迫切腹自杀。失去主君的武士变成了浪人，他们在自己被定罪和自杀前决心为浅野报仇。

67

上班族

“上班族”（日语“サラリーマン”，来自英语“salaryman”）曾是日本所有大学毕业生的理想职业，现在已经发生了很大的变化。20 世纪 30 年代，这个词指的是私营和国有企业的雇员，他们工作稳定，没有太多的束缚。后来，用来指代每天勤勤恳恳工作、西装革履的上班族，他们牺牲了自己和家人的利益，把一生都奉献给了公司。

过去，每年 4 月初日本各地都会举行盛大的入职仪式，成群结队的毕业生穿着几乎相同的衣服，来到即将度过余生的公司报到。但时代悄悄发生了变化。不必要的加班和同事之间的夜间聚会不再是常态，仅仅基于资历的晋升也不再是惯例。“工作与生活的平衡”这一英语舶来词在年轻上班族中逐渐流行起来。然而，集体利益高于个人利益的思想仍然根深蒂固。某些员工不得不离开家人，临时被派往外地甚至海外，更有甚者，为工作献身，过劳死的案例也数见不鲜。

サラリーマン

办公室女郎

过去，办公室女职员有个浪漫的称呼："办公室之花"。它的日语"オーエル / oeru"来自英语"Office Lady"，简称"OL"。她们身穿职业套装，端茶倒水，履行着基本的秘书职责或接待任务。她们一般会在30岁之前结婚，丈夫很可能就是在工作中遇到的一位同事。尽管颁布了反歧视法，但男女不平等的情况仍然存在。由于限制了女性的职业发展，"办公室女郎"这一词也越来越不常用。

68 先生

随着武术在世界各地的传播，“先生”（せんせい/sensei）一词渐渐为人所知。这个荣誉称号，可以用于称呼各种各样的教练、专家，甚至动画创造者。先生，即有更多经验和知识之人，不仅能用来称呼老师、传统艺术教师（剑道、花道、茶道等），还能称呼律师、医生和政治家。

日本无疑是一个等级森严的社会，师生关系支撑和强化着这种机制，因此，学生很少质疑教师。这种机制的积极方面在于，学生对老师高度尊重和信赖，老师为此也不断精进自己的技艺。而它也会带来负面的影响：创新很有可能还在萌芽状态就被扼杀，而且受集体主义的影响，他们不敢轻易质疑挑战师长。

先生

前辈—后生

“前辈—后生”的概念在日本的等级结构中也占有重要地位，它除了指代年龄差异较大的夫妻外，还有许多其他意思。前辈在日语中被称为“先輩”（せんぱい/senpai）。后生被称为“後生”（こうせい/kosei），即在前辈之后入学、入道场或入职的人。一日为师，终身为父。即便学生后来的成就超越了老师，也必须尊重前辈。

69 澡堂

澡堂在日语中被称作“銭湯”（せんとう/sento），指的是公共付费浴池。澡堂的起源可以追溯到日本平安时代末期。澡堂与温泉不同，没有天然热水源，水必须经锅炉加热。“二战”结束后，城市迅速发展，那时许多廉价的木制公寓没有浴室，澡堂数量激增，一直到20世纪60年代，澡堂仍然是街区的中心。在日本这样一个等级森严的社会，澡堂是少数几个打破了社会隔阂、方便人们交谈的地方之一。

沐浴仪式象征着神道教的纯洁观念，在日本文化中具有极其重要的意义。沐浴前需要先清洗身体。日本人过去使用的是小木桶，而现在则被塑料桶替代，位于淋浴处。即使是最简易的澡堂也会设有好几个浴池（冷水浴、微电流浴、桑拿浴）。日本的澡堂还有个特点：几乎所有澡堂都会在浴室上方挂一幅富士山的壁画。

随着浴缸渐渐进入日本家庭，澡堂的数量在最近几十年有所下降。然而，也出现了一些新型澡堂，如广受欢迎的“超级温泉”：类似水疗浴场，有些还设置了餐厅和客房。看来，日本离告别“坦诚相见”还远着呢。

銭湯

70 三味线

三味线是伴随着江户时代的历史和文化的发展而发展的。16 世纪到 18 世纪，这种起源于中国三弦的乐器经历了最辉煌的时期，为歌舞伎和文乐的音乐奠定了基调。

在宴会上总能看到三味线的身影，招待客人的艺伎演奏着它，有时还会伴有长笛和十三弦古筝。三味线由方形的琴腔和细长的琴杆组成，琴杆有三根弦，演奏时，需要用拨子拨弄琴弦。琴腔最初由蛇皮包裹，现在多为猫皮或狗皮。无论是哪种皮，琴腔的寿命都是有限的。

三味線

十三弦古筝

十三弦古筝大约在7世纪从中国传入日本。在平安时期，通常由单人演奏，并经常被作为诗歌朗读的背景音乐。1650年，伟大的盲人作曲家八桥检校编作了适合大众的筝祖歌。

太鼓

太鼓形式多样，在宗教仪式和戏剧中被广泛使用。最大的太鼓形似啤酒桶，常用于民间节日庆典和舞乐中。演奏时，需要垂直敲打鼓面，仿佛要将其戳穿。小型太鼓可以放在肩膀或侧腰，用手击打演奏。

日本琵琶

日本琵琶在过去是盲人吟游诗人演奏的乐器，从8世纪开始，他们就手弹这种曼陀林琴，游历于各个村庄，吟唱早期武士英雄的英勇事迹。

尺八

尺八由竹子雕刻而成，演奏起来像单簧管，是禅宗僧侣的乐器。对他们来说，吹奏尺八是一种冥想的形式。如今，新年临近时，日本街头会有尺八表演，演奏者通常用由稻草、藤或是芦苇编制的箩筐遮住脸。

71

指压按摩

指压按摩是一种基于按压触摸的手工疗法，起源于 14 世纪初在日本传播的中国古老技术——按摩。该种疗法认为，人体内存在着一种生命能量“气”，它流经全身的经脉。经络堵塞就会致病、受伤、产生心理问题。

17 世纪，盲人针灸师杉山和一完善了按摩体系，设立学校，培养按摩师。德川幕府时代（1603 － 1867），政府颁布了一项法令，禁止视力正常之人从事按摩，按摩成为盲人的专利。即使在今天，许多指压按摩治疗师仍然是盲人。

这一治疗方法在 20 世纪 40 年代在日本得到国家的正式认可。浪越德治郎更是开发了它的现代版本。浪越的许多学生都开创了自己独特的手法，比如增永静人，他创立了一所指压按摩禅学学校。虽然手指是指压按摩的主要工具，但有时也会用到手掌、脚和肘部。

“二战”以后，占领日本的美国当局禁止了包括指压按摩在内的传统文化习俗和医学，他们认为这些传统医学带有民族主义倾向。

然而，失去视觉与听觉的活动家海伦·凯勒（1880 － 1968，致力于争取妇女权利）向美国政府施压，要求解除禁令，理由是这项禁令阻止了许多盲人从业者谋生。禁令最终被解除，海伦·凯勒成为日本人心中的女英雄。如今，指压按摩风靡全球，但它的有效性还未得到科学证明，也没有确凿的证据证明经络的存在。

指压

72 绳缚艺术

绳缚艺术在日语中被称为“縛り”（しばり/shibari），来源于动词“縛る”（捆绑，约束），通常（至少在某些圈子里）被认为是一种日本情色文化：用麻绳以一种复杂的、富有美感的方式将一个人捆绑起来。关于这个词的日语表达方式，一直以来都存有争议，有人认为是“縛り”，也有人认为是“緊縛”（きんばく/kinbaku），即绑得紧紧的。然而，在日本，绳缚艺术的爱好者们并不在意这个纷争，认为两者皆可。有时，日本人也会用“緊縛美”（きんばくび/kinbakubi）指代这项艺术。

绳缚艺术最早起源于“捕绳术”，这是一套用于制伏囚犯的技术，多用于武术领域，尤其是柔道中。“捕绳术”也叫“绳术”，在德川幕府时期被广泛使用，根据不同的社会阶层、囚犯的性别以及罪刑，选择不同的捆绑方式。即使是在捆绑囚犯时，也相当注重美学的原则，为在江户时代末期发展起来的情色捆绑埋下了伏笔。

现代绳缚艺术之父伊藤晴雨生于明治初期，热衷于展现江户时代的酷刑，为此，他常常把自己的模特捆绑起来拍照，现代捆绑悬吊艺术便是由他发展起来的。当时的政府查禁了伊藤晴雨的作品，其中大部分在1945

縛り

年的东京大轰炸中被毁。“二战”过后，杂志上开始刊登绳缚艺术的图片。20 世纪 60 年代，“绳师”带动了绳缚表演的蓬勃发展，并在全世界传播开来。

73 涩

在日本，真正的美是涩涩的、含蓄的，介于质朴和精致、自发与节制之间。如果说，成熟的柿子味道甜腻，太过平庸，那青柿子的味道恰恰就是“涩”，淡淡的，令人回味无穷。

早在中世纪，“涩”这个词就已经出现了，当时被用来形容某些酸性水果让牙齿不舒服的苦味。在江户时代，这个词被赋予了美学价值，开始用来指代那些朴素的、几乎是僧侣式的优雅的房间、衣服、物品。它们没有浮夸和过度的装饰，让人看一眼就会被吸引到。西方之美通常追求对称和完美，表面光滑，强调创意和装饰，而日式的“涩”则恰好与之相反。

日本传统住宅内部，笔直的线条、完美的细节和高质量的建材相结合，这就是“涩”之美。原始的、不规则的、不对称的陶瓷，以及采用天然矿物色彩的粗糙织物，体现了“涩”之美；巧夺天工的庭院，自然不造作的茶道，也体现了“涩”之美。所有的不刻意凸显设计者自我，而是以谦卑的和谐的方式融入环境的物体和建筑物，都可以称为“涩”。1930 年至 1940 年间，哲学家柳宗悦在《工艺》杂志上发表了一系列文章，试图定义这种缥缈而微妙的概念。确实，“涩”这个概念很难从书本上学到，就像禅宗一样，需要意会，难以言传。

渋い

74 神道教

神道教，是日本最古老的宗教。神道教视自然万物为神祇，包含丰富的神话故事，保留着祖先的萨满教仪式。受人尊敬的“神”与其说是神，不如说是自然力量的化身，他们是当地的守护者，是值得尊重的先人的灵魂。在神道教的概念中，没有善与恶的对立，只有纯洁与不洁的对立。这充分体现了大和民族面对天地万物时，所怀有的敬畏之心与崇拜之情，他们感恩周围的神灵，祈求平安、繁荣和富庶。

每年的大型祭典，和其他所有的神道教仪式都会以净化、驱魔或祭祀为主题，目的是安抚神灵，祈求神灵庇佑。过去，祭祀仪式往往是为了祈求水稻丰收，现在这种祭祀已经适应了现代的生产方式。如今，公司开业时，一定会邀请神道教神官，举行相关仪式。

神道

神社

神道教圣殿（神社）的入口是一个高高的鸟居，通常还会设有御手洗，用于参拜前洗手和漱口。伊势神宫是神道教最重要的神社，供奉着天照大神。

神

神道教中有成千上万的神灵。有些是真正的神灵，如天照大神，相传她是日本皇室的先祖。另一些则是大自然的精灵，如高山、瀑布、树木、巨石……

拍手礼

进神社前，需要用力拍掌两次，以引起神的注意，向神祈祷。

注连绳

注连绳是秸秆编织成的粗绳，上面挂着一串串的稻草和锯齿状的纸片。通常被绑在一棵树或岩石上，象征神界和外界的分隔。

神龛

日本人家中常会设有神龛，上面摆放着灵牌，还有供奉祖先的鲜花、水果和清酒，用来祈求祖先保佑家宅平安，人丁兴旺。

75 书法

在日本，书法也是一种精神修炼之道。从 12 世纪到 13 世纪，书法作为一种冥想的工具，甚至在成为一种艺术形式之前，就已经在禅宗圈子里发展起来了。我们可以想象这样一幅画面：一位僧侣跪坐在榻榻米垫上，慢慢研墨，直到得到他想要的颜色。他拿起一根长长的毛笔，全神贯注地提笔创作。其姿势之独特、完美，下笔之稳健，就如在纸上留下他的灵魂，进行着一场仪式一般。这一过程看似简单，然而若想完美地完成却不容易。对于外行来说，很难想象这其中所经历的漫长而艰难的学习过程。

书法和绘画一样，有许多甚至更多的规范，两者相得益彰。在东方，一个好的画家前提必须是一个好的书法家。首先，必须熟练掌握执笔的力度，把握虚实的节奏，尤其要注意即时切换手法。无论书写什么单词或句子，最重要的是要知道如何通过书写的感觉和成果来传达你的想法，就像绘画一样。

汉字和假名

日本文字由汉字和两种假名（平假名、片假名）组成。汉字和假名都可以作为书法练习的对象。

印章

在日本，通常会用印章代替签名，印章呈方形，刻有姓名。印章留下的红色印记为书法作品增添了魅力。

和纸

在日本，练习书法时使用的是一种传统的、精细的、极具吸水性的纸，它用桑树纤维通过传统方法手工制作而成，称为“和纸”。“和纸”于2014年被列入世界文化遗产。

新年礼物

76 新年

新年是日本人最重要的节日，其庆祝活动持续时间之长充分体现了这一点。节日从几天前的大扫除、装饰、准备特色菜肴开始，直到1月中旬才结束。

最激动人心的时刻在12月31日的午夜，大家穿着和服来到寺庙或神社，聆听108下钟声，他们相信这样可以消除心中的邪念，如开始新生活般开启全新的一年。那晚，许多人都通宵不睡，因为根据日本传统，人们要去神社参拜到天亮，在辗转两座神社的间隙，他们通常会来一碗热腾腾的“跨年荞麦面”，象征长寿。

正月

元日

元日，即新年第一天，是一年中最重要的一天，也是各种庆祝活动开始的日子，寓意未来几个月顺顺利利。

那天，一切都被赋予了“初次”的意义：“初湯”（はつゆ /hatsuyu），即初次沐浴；“初日”（はつひ /hatsuhi），即初次日出；“笑初”（わらいぞめ /waraizome），即初次微笑打招呼；“書初”（かきぞめ /kakizome），即初次用毛笔书写。最重要的是“初夢”（はつゆめ /hatsuyume），即新年第一次做梦。梦见富士山最为吉祥，其次是猎鹰和茄子。如果梦到马、鱼或掉落的牙齿，那就说明运势欠佳，需要祈求神灵保佑了。

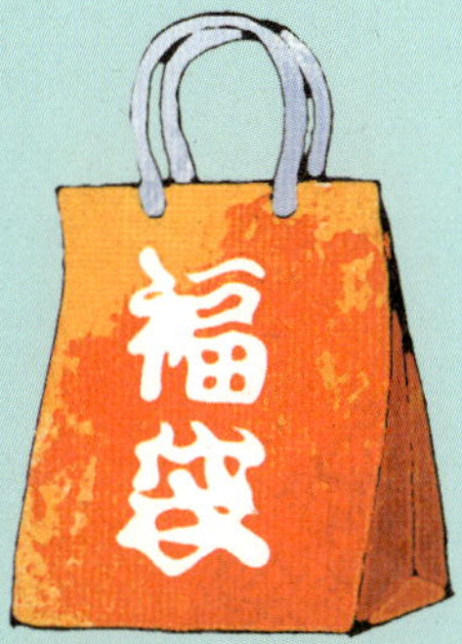

御节料理

节前几天，日本人便开始精心制作“御节料理”，并将其小心翼翼地放入“重箱”——一种多层的漆器盒，层层互嵌，最后盖上装饰精美的盖子密封保存。根据传统，每道菜品都寓意着好兆头。其中，豆子和鱼糕必不可少，此外，还有一些鱼类和麻薯——一种由糯米粉制成的糕点，通常配杂煮汤一起食用。

门松

日本新年最常见的装饰是“门松”，一种由松树（象征长寿）、李子树（象征勇气和成功）和竹子（象征力量和耐力）做成的装饰品，放在大门两侧。

年贺状

拜年贺卡在日本称为“年贺状”，新年期间互赠贺卡是必不可少的活动。每年这个时节，商店里便摆满了各种各样寓意吉祥的印有图案的贺卡，如富士山、仙鹤，或是十二生肖。

77 将军

“将军”这一头衔最早出现在1世纪到3世纪之间，由崇神天皇发明，指的是“最高统帅”，授予四名在东南西北各方率领军队的军事领袖。几个世纪之后，征服了虾夷（日本北部原住民）的将领被封为“征夷大将军”。

12世纪末，源赖朝成了日本历史上第一个现代意义上的“幕府将军”，即以天皇的名义统治国家的军事领袖。幕府将军的头衔虽是世袭的，但仍然躲不过阴谋和权力争夺。幕府将军统治时期，天皇只是一个象征性的角色，但也有一些幕府将军不得不受周围人的摆布。1333年，后醍醐天皇推翻了镰仓幕府，掌权三年之后被足利尊氏废黜，后者在京都建立了新幕府。

16世纪，织田信长和丰臣秀吉统治日本，享受至高无上的权力，但这两位从未被称为幕府将军。日本血战——关原之战的最终胜利者德川家康统一了日本，获得了“将军”头衔，并建立了一个长达250年的幕府。德川庆喜，第15代也是日本历史上最后一位幕府将军，在明治时代初期，将权力交还给了天皇。到了今天，德川家族仍在延续，其第19代继承人德川家广在2019年7月的选举中成为主要反对党的候选人。

将軍

78 纸拉门

日本传统住宅的原型可以在波利尼西亚找到。在那里，由于湿度过高，木制房屋常常建在柱子上，有滑动的面板，可以向外打开。最传统的日式住宅外部没有围墙，内部也没有隔间。内墙板被纸拉门替代，一种由半透明的宣纸糊成的可拉式滑动木质窗门，在日语里被称作“障子”（しょうじ /shoji）。纸拉门拉开时，便可分隔空间；关上后，则能扩大空间。因此，必要时，房内可以变成一个大开间，用来举行仪式，也可以根据情况将房间分隔成多个小房间。

外部面板也可以移除，使花园成为房子延伸的一部分。在一些古老的版画上，常常可以看到在屋内写作或嬉戏、略显无聊的宫女们抬头仰望秋色的场景。屋内屋外相互渗透、彼此衬托。这样的场景设计充分体现了人们寻求与自然的交流与和谐相处。

拉阖门

伟大的小说家谷崎润一郎写道，纸拉门的魅力在于它能够用任何玻璃都无法创造的柔和曼妙的光线照亮房间。当然，也有不透光的滑动门板，即拉阖门，在日语中被称作“襖”（ふすま /fusuma）。日式住宅中，拉阖门上经常绘有珍贵的装饰图案。

日式檐廊

纸拉门之外，有一圈围绕屋子的檐廊，比花园稍高，日本人称之为“縁側”（えんがわ /engawa）。只需打开纸拉门，檐廊就成为房间的一部分。坐在檐廊上，静观花园，别有趣味。

障子

79 水墨画

水墨画在日本被称为“墨絵”（すみえ /sumie），研磨墨汁用的墨条由松香树脂燃烧产生的烟灰制成。使用墨条时，需加少量水，在砚台中耐心研磨。这一缓慢而有规律的动作有一个重要功能，那就是使我们暂时告别快节奏的工作和生活，享受静谧专注的时光，就如画中之人一样淡然。

像书法一样，水墨画的诞生也与禅宗有关，并且遵循禅宗的所有原则。在禅宗佛教中，智慧的领悟常常是一种顿悟，如灵感一般，没有任何逻辑论述的过程。同样地，为了启迪心灵并向真理敞开心扉，艺术不应该描述事物，而应该揭示事物的深层本质。

日本平安时代的绘画以生动的色彩、叙事和说理为主，随着佛教的传入，除了书法，同样来自中国的传统水墨画也在日本逐步发展起来。15 至 17 世纪，周文、雪周和雪村周继等伟大的画家为抽象艺术的发展奠定了基础，他们寥寥几笔，便能描绘整个世界。水墨画常以风景、植物和鲜花为主题，既表达了禅宗与自然的交流，又是一幅肖像画，在这幅肖像中，禅宗大师的面容以一种自发和富有表现力的方式呈现出来。有时，水墨画的主体是一个简单的物体，象征着苦行僧禁欲的生活：如碗、口袋或是手杖，画旁通常会有书法题词。日本人常会在壁龛挂一幅水墨画，把它当作圣像画那样的冥想对象。

墨絵

80 相扑

在体育比赛中，很少出现这样吸引眼球的画面：两名巨人在经过几分钟的观察后，全速出击，撞倒对方。相扑在日语里被写作“相撲”（すもう /sumo），字面意思是“相互击打”，简而言之，就是一种包含七十多种制胜绝招的摔跤运动。相扑的规则很简单：第一个用脚以外的身体部位触地或摔出场地的人即为负方。相扑是日本的“国技”，在日本文化和精神中有着特殊的地位。日本人对于“横纲”（相扑的最高称号）的崇拜程度，是其他任何运动都无法企及的。

相扑运动起源于一千多年前。传说，神道教的众神都从事这项运动，这就解释了相扑在土著宗教仪式中的崇高地位。此外，神道教的神殿屋顶覆盖有大量“土俵”（相扑擂台）的黏土，而相扑裁判们也会穿着神道教传统服饰。比赛开始前，力士（相扑选手）们会饮用大量盐水，将盐撒在土俵上，以达到净化自己、驱邪避恶的作用，同时还会拍手召唤神灵。相扑运动规定女性禁止进入土俵，这引发了许多争议，也曾因此导致一位女市长无法在比赛结束时给获胜者颁奖。

力士们的生活很艰难，尤其是那些段位较低的。他们在专门的相扑室内居住、生活、训练，就着啤酒，吃相扑火锅（一种高热量的炖菜），只为迅速增重。虽然过去常有的欺凌现象已经不复存在，但愿意接受这种训练的日本年轻人越来越少。因此，在过去几十年间，最高荣誉常常被授予外国人，例如在 2003 年至 2017 年之间获得最高荣誉的是蒙古人。2017 年，稀势之里宽升为最高级别横纲地位，这是自 1998 年以来唯一一位日本本土的横纲相扑手，这重新唤起了日本民众对相扑的兴趣，但这位广受欢迎的冠军在 2019 年 1 月不得不因伤退役。

相撲

81 寿司

寿司与书法、花道等其他日本传统艺术有一个共同特点：看似简单，实则需要长期复杂的练习。

日本以水稻种植业和渔业为主，将两种支柱产业结合起来的想法由来已久，也是出于一种实际的需要。将煮熟的米饭和咸鱼放在一起，米饭发酵后会产生一种酸，有利于鱼的保存。19 世纪初，江户时代一位伟大的厨师花屋与兵卫，想出了一个绝妙的点子，将米饭分出一口的大小，从而发明了我们所熟知的精致的手握寿司。想要制作这些放在盘子上的新鲜清淡小食，必须先掌握复杂的鱼片切片技术，积累丰富的个人经验，通过独密技巧和手法，以最佳方式烹饪和调制米饭。事实上，根据日本美食家的说法，寿司完美与否，并不取决于鱼，而是取决于米饭……

寿司

刺身

出刃、柳刃包丁、鲔包丁是几种准备传统日式菜肴——刺身时需要用到的刀具，它们锋利而精巧。刺身由生鱼片配以萝卜丝和紫苏叶制成。其重点在于完美的切片，根据鱼的种类，选择不同的技巧。先剔除鱼骨，再逆着鱼肉纹理的方向切割，这样就能获得大小均匀的薄片。一般来说，每片鱼片厚约1厘米，对于鲷鱼或鲽鱼，常采用薄切手法，“角造”手法用于将鱼片切成小方块状，还有将鱼切成条状的细条切法。

无论哪种手法，都需在寿司学校进行严格训练后才能习得。早在几十年前，寿司学校还不招收女性学员。所以传统上，在日本，鱼类的处理工作完全由男性承担。

握り寿司

手握寿司

まぐろ

金枪鱼

うに

海胆

はまち

幼鰤

たまご

厚蛋烧

甘えび

虾

恵方巻
つくり方

如何制作带来
满满幸福感的寿司呢?

1. 将米饭平铺在海苔片上。

壱）酢飯を広げる。

2. 放入馅料。

弐）具をのせる。

3. 卷起海苔片。

参）巻く。

4. 静置两分钟。

肆）二分置く。

5. 美味的寿司就制作完毕啦。

完成
召し上がれ。

在日本，七夕节是最受欢迎的节日之一，它源自家喻户晓的牛郎织女的故事。传说，天帝的孙女织女与牛郎相恋，天帝大怒，强行拆散两人，但允许两人在每年七月七日相会一次。在这个神奇的日子，会有无数喜鹊飞来，鸟儿们脚并着脚，搭成一座桥，让这对恋人在天河上相会。每年这个时候，在银河系的两边都能看到牛郎星和织女星。

这个起源于中国的传说大约在公元8世纪传到日本，并与一个古老的神道教仪式融合在一起。在神道教仪式中，神官会为神灵编织一件外衣，以祈求神灵保佑粮食丰收。因此，七夕又叫“棚機”，即织布机。在日本的许多城市，尤其是仙台，会举行非常盛大的庆祝活动。街道上会挂满彩色的“纸花球”，花球下方吊着纸叠的流星，路边还会有贩卖小吃的摊位，人们可以一边欣赏游行，一边品尝美食。然而，最让人期待的环节是许愿，就像牛郎和织女那样，希望梦想成真。

82 日本七夕

短册

七夕之夜，日本人会在“短册”（彩色的纸条）上写下自己的愿望，最好是一首小诗，然后挂到竹枝上。

风幡

“风幡”（吹き流し）即节日期间到处悬挂的流星状飘带，迎风飘扬，象征织女手中的织线。

七夕纸衣

七夕节期间，日本人还会制作纸质和服，向神灵祈福的同时，还能提高缝纫技巧，驱邪祛病。

七夕

83 榻榻米

传统日本住宅的一大特色是榻榻米地板。每张榻榻米长约190厘米，宽80厘米，由一层层稻草铺成，再铺上一张编织的草席。多张榻榻米并排摆放，覆盖住整个房间的地面。稻草制成的床铺具有松软的特性，方便盘腿或跪坐。榻榻米对房屋建设起着重要的作用，常作为表面测量的标准。

畳

和室

在日本，无论现代化程度有多高的住房，都会设有一间“和室”：地面铺设榻榻米地面，墙壁凿有壁龛。这是家中最重要的地方，摆放着祭祀神灵和祖先的神龛。

壁龛

日本住宅设计规范严格，壁龛是唯一可以名正言顺放置装饰品的地方。壁龛，指的是在墙面上凿出的小阁子，略高于地面，放置书法或与季节相协调的插花作品。主宾通常坐在面朝壁龛的方向。

蒲团 & 座布团

日本住房里，家具陈设是可以改变的。因此，必要时，只需从大壁橱里拿出所需的家具，每个房间都可以变为餐厅、客厅或卧室。例如，在房间榻榻米上铺上蒲团（日式床垫），放上被子，就能作卧室；在矮桌旁放几个方形座布团（坐垫），就能盘腿或跪坐，吃饭品茶。

玄关

为了避免弄脏或损坏榻榻米，进门时需要脱鞋。“玄关”是日本住宅的一大特点，类似前厅，地势略低于房子的其他部分，进门时，需要在此处脱掉鞋子，鞋尖朝外摆放。

84 天狗

天狗是日本传说中的妖怪，通常住在深山老林之中。在最古老的版本的传说中，天狗被描绘成一种鸟人，长有羽毛、利爪、大翅膀和宽喙。天狗象征了山的本质，在最早期的日本人看来，大山狂野而暴力，人类无法掌控，因此，鸦天狗（因翅膀如乌鸦般漆黑而得名）被认为是邪恶和危险的，是战争、火灾和疾病的载体。

公元 9 世纪到 10 世纪，佛教僧侣把天狗描绘成一种阻碍他们修炼的法师，他们利用僧侣的虚荣心，用幻术幻化出佛祖显圣的景象，一些没有慧根的僧人难免上当。但是，天狗最终会被识破而变回原形，这样的结局彰显了佛法的威力。

然而，随着时间的流逝，过去象征邪恶的天狗慢慢地被赋予了一些积极的含义。随着僧侣制度与政治权利的联系愈加紧密，直至腐败和没落，人们对纯洁和革新的渴望日益增长，出现了一批遁入深山、严格遵守戒律的苦行僧。对于这些隐士来说，山并不是一个充满敌意的世界，而是一所学校，在这所学校里，原本敌对的天狗变成了隐士的老师和盟友。天狗被拟人化，他们长着紫色的脸孔，原本的宽喙变成了大鼻子，穿着苦行僧的袈裟。天狗教授苦行僧法术，传授他们超自然的力量，如不张嘴说话、瞬间移动等，但最重要的是，天狗教会了苦行僧们武术。传说，许多著名武士的剑术都是由天狗传授的，比如武田信玄。

天狗

85 天皇

公元 7 世纪，大和民族第四代皇帝天武确立了家族的统治地位，实行政教合一（神道教）的政策，从那以后，日本皇帝便被称为“天皇”，寓意“天之君主”。《古事记》经天皇授意，记述了皇室的起源，即天皇是神道教主神天照大神的直系后代。据说，这位女神派她的孙子琼琼杵尊去平定日本，并赐予他三件神器：八尺琼勾玉、八咫镜和天丛云剑，这三件宝物至今仍是日本帝国权力的象征，由每位君主传给他的继任者。

据传统史学记载，日本天皇“万世一系”，从公元 7 世纪开始直至今日都出自同一家族（大和家族）。

2019 年 5 月 1 日继位的德仁天皇是当今世界少有的皇帝。尽管天皇不再有实权，其神灵本性被从宪法中删除，但他仍然是神道教的最高领袖。这是因为几个世纪以来，祖传的神道教仪式被严格地代代相传。天皇是大和民族团结最有力的象征，代表了每个日本公民的认同感和归属感。

天皇

菊纹徽章

日本皇室的徽章采用带有16片花瓣的金黄色菊花作为图案，象征皇室家族的起源——太阳。在1183年至1198年间统治日本的后鸟羽天皇是第一个采用这一徽章的人。

86 天妇罗

在日本，裹上面糊后再油炸的菜统称天妇罗，是除寿司之外日本料理中最著名的菜肴之一。很少有人知道，这种油炸技术是由第一批登上日本群岛的西方人——葡萄牙人传授给日本人的。天妇罗（てんぷら /tenpura）似乎源于“tempora”，指的是葡萄牙传教士的斋戒期，因为斋戒期内禁食猪、牛等红肉，传教士们就用鱼和蔬菜代替。虽然有些油腻，但很快就被日本人接受，并发明了一个更清淡、更酥脆的改良版。

从 17 世纪开始，日本每个街角都有一辆贩卖天妇罗的手推车，为路人提供站着品尝的美味小菜，江户时代的日本人都为之疯狂。据说德川家康在吃了鲷鱼天妇罗后死于消化不良。

①切る

切割食材

面衣（天妇罗面糊）

天妇罗专用面糊——“面衣”有个特点：其质地不能均匀，而应该是粗糙的。大致搅匀后便可以使用了。为了增加天妇罗的粗糙感和酥脆感，有些人会在鸡蛋和面粉中加入剁碎的素面，经油炸后，就会形成独特的松针形状。

天妇罗蘸酱

天妇罗蘸酱，日语中叫“天汁”（てんつゆ/tentsuyu），由酱油、清酒和日式高汤（主要含海带和鱼）组成。然而，真正的美食家似乎对这种调味料嗤之以鼻，认为它破坏了“面衣”酥脆的表层以及鱼类和蔬菜本身的味道。

明虾

明虾是天妇罗常用的食材之一。此外，还有鱿鱼、小鳟鱼、香鱼（备受日本人喜爱），以及香菇、青椒、白果、紫苏叶和土豆等。

②混ぜる

混合面糊

天ぷら

③まぶす

裹面糊

④浸す

浸泡入味

⑤まぶす

二次裹面

天ぷら
つくりかた

⑥ 揚げる

油炸

完成

盛りつける

装盘

87 日式酱菜

日本料理中的酱菜被称作“漬物”（つけもの/tsukemono），由蔬菜腌制而成，口感清脆，伴随日本人的三餐，通常放于小菜单上。单独的“漬物”字面意思是“浸泡过的食物”，因此，在过去，还包括用盐或清酒腌制过的肉、鱼、蛋、藻类食物和水果。甚至还有樱花渍物，一般在订婚和结婚典礼的时候被泡成樱花茶饮用。这种简单处理食物的方法诞生于1200多年前的日本。制作时，先将选定的食物倒入木桶，交替撒上几层盐，装满一桶后，盖上盖子密封储藏，盖子上方再放上一块大石头。借助石头的压力使得盐渗入食物，流出浸渍液，正是它赋予了日式酱菜独特的味道。

用其他的调味料（如味噌、米糠或清酒）代替盐，换种蔬菜，调整腌制时间，就能得到各种各样的酱菜。日本总共有约四千种酱菜，每个地区都有自己的特色菜。其中，著名的酱菜包括奈良地区的奈良酱菜，其带有独特的甜味；静冈县的芥末酱菜，独特之处在于人们在腌制过程中加入了辣菜根；泽庵酱菜，将晒干的萝卜放入米糠中腌制；还有生姜酱菜，通常与寿司一起食用。

酸梅

传统日本料理米饭的中央会摆上一颗酸梅，味道涩而咸，是由一种特殊品种的李子浸泡腌制再晒干而成。10世纪起，酸梅就被当作医药食用，如今，它对健康的益处已经在世界范围内得到了认可。

漬物

ぬか床をつくる

将蔬菜分层放入木桶中，加入盐和米糠。

できあがり

使蔬菜充分腌制。

待つ

耐心等待。

野菜を漬ける

美味的酱菜就准备好啦！

88 赏月

云去云归，举头望月，心安气定。

——松尾芭蕉

赏月在日本被称为“月見”。在日本，满月象征着秋天。的确，月亮只有在九月才会呈现出这种动人而无瑕的美，那时白天还很热，夜晚伴着凉风，天空变得清澈。在这片纯净的天空中，秋分的满月闪耀着光芒，安抚着人们的心灵。因此，驻足赏月是一种必不可少的乐事。在公园和寺庙、花园里（如东京的向岛百花园、京都的大觉寺），人们聚集在一起，高高兴兴地听着传统音乐，读着诗歌。

然而，赏月的活动是与家人或朋友一起的。黄昏时分，赏月的准备工作就开始了。在阳台最佳观月点放一张矮桌子，上面放上祭月的食品。在日本，“月見”也叫“十五夜 ”，因此，首先要摆上十五个圆球状的糯米团子，象征满月。其次是当季的水果和蔬菜，最好是圆形的，如栗子、葡萄、纳什梨或其他的梨。最后是“秋之七草”。天上，月亮高悬；地上，人们围坐在矮桌旁，听着花园里的蟋蟀声，嬉笑谈天，而孩子们则在一个有明暗对比的银盘上玩着找月兔的游戏。在日本的民间故事中，月兔会在月亮上做麻糬。

秋之七草

“秋之七草”，秋天最具代表性的七种花草：胡枝子、桔梗、粉葛花、兰草、女萝花、芒、红瞿麦。“秋之七草”和枫叶、菊花一起，营造出了秋天忧郁和怀旧的氛围，象征着生命的转瞬即逝。

月見

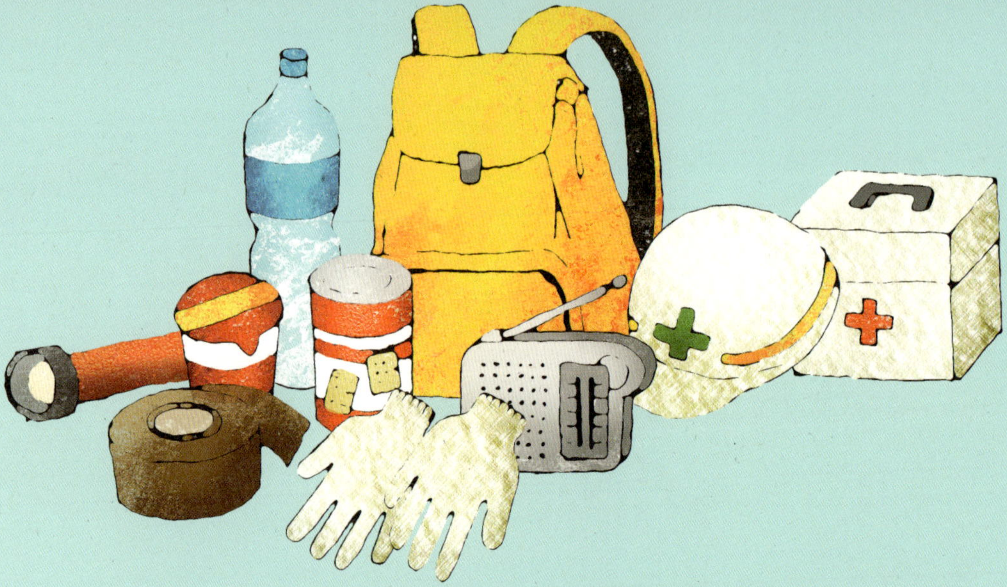

日本位于四个板块（欧亚板块、北美板块、太平洋板块、菲律宾板块）的交会处，每年发生近十万次地震，其中 1500 次有明显震感，占了全球地震总量的 20%。日本境内有一百余座活火山，尽管毁灭性爆发的情况并不常见，但火山运动仍旧是造成地震频发的原因之一。

在日本，地震已经成为人们日常生活的一部分，即使是小孩子也知道如何应对地震。有人指出，这类自然灾害的普遍存在，是塑造日本文化的力量之一，它迫使人们在逆境中合作、相互关照、保持冷静。

1995 年神户地震后，日本的建筑规范更加严格，抗震工程进一步完善。对许多国家来说是致命的强大地震，在日本通常不会造成严重伤害，因为日本建筑物

89 海啸

有吸收地震波的功能，很少倒塌。

即使是 2011 年 3 月日本沿海发生的 9 级大地震也几乎没有造成破坏。日本地震探测系统在地震前就停止了新干线列车的运行。但由大地震引起的巨大海啸，在有些地方高达 40 米，海水入侵内陆 10 公里，造成 2 万多名日本人遇难。从那以后，日本进一步加强了预警机制，直接将警报发送到公民的手机。然而，预测地震和海啸仍然不够精准。据说，南海海沟（日本西部海岸线边缘狭长的海底凹地）在未来 30 年有 70%—80% 的可能会发生一场伴随海啸的大地震，但日本相关机构承认，他们无法做出准确的预测。

津波

90 浮世绘

葛饰北斋的《神奈川冲浪里》还有谁是不知道的？这幅永远铭刻在记忆中的绘画具有伟大的艺术力量。然而，它并不是为了进入博物馆而绘制的，它看起来更像是一幅游览图。这类 18 至 19 世纪在江户居民日常生活中广为流传的版画在当时是一种全新的艺术风格，轰动一时，被称为“浮世绘”。

在一个经历了几个世纪的战争后终于实现和平的国家，浮世绘的出现反映了人们为了娱乐，及时消费，而并不追求永恒。因此，类似情色杂志的春宫图的兴起也就不足为奇了。许多伟大的艺术家都曾绘制过此类作品，有时甚至相当露骨。新兴的中产阶级、商人和手工业者（统称为“町人”），迫不及待地想要享受财富带来的纯粹的快乐，如美食、妓院、剧院、水上漫步或民俗节日。艺术家们还被要求创作一些通俗易懂、与时事相关、能够反映这些新富兴趣的作品，类似如今的时尚类和时事类杂志。

浮世绘的字面意思是“虚浮的世界绘画”：“虚浮”即“短暂”，与武士的节俭和道德严谨的坚定价值观截然相反。木版印刷术的发展，使人们能够以可承受的价格购得大量版画。这种手法还被用来制作年历，里面既有历史和传奇英雄，也有喜多川歌麿的美人图、铃木春信的市井生活取景、安藤广重的抒情风景。葛饰北斋的作品传到西方后，颠覆了19世纪的艺术圈，许多艺术家都受其启发，例如凡高、莫奈、德加、克林姆特。

浮世絵

91 漆器

漆器之于日本，犹如瓷器之于中国。很难想象日本餐桌上如果没有优雅的黑色的内饰朱红的碗或是闪闪发亮内里隔开的便当盒该是什么样子。有了漆膜，木质容器便能变得防水，保持耐久，甚至耐海盐和酸的腐蚀，成为真正的艺术品。

日本工匠花了数千年的时间才意识到，“漆树”汁液虽有毒，但可以被用来涂抹覆盖在物体表面，制成饰物。到了 9 世纪，日本家庭开始用这种材料覆盖华丽的家具、器皿、花瓶和梳子表面。当然，这里指的是贵族家庭，因为漆器在过去，甚至是现在，一直属于特权阶层。

每棵漆树每年产生的汁液不超过一杯。这种珍稀材料的制作必须经过一系列耗时费力的工序，要求工匠拥有大量的专业知识。如此制得的油漆通常分多次刷在物体表面，每次涂上薄薄的一层，晾干后再涂下一层。添加颜色或装饰图案时，往往需要刷上几十层，而对于个别古老的漆器来说，甚至需要刷 200 到 300 层。

尽管也有其他民族使用漆器，但日本凭借全亚洲最纯净、最耐腐蚀的树脂，让漆器成了一项无与伦比的艺术。在 1939 年的纽约世界博览会上，日本选择了象征大和文化的漆器屏风作为礼物送给了主办国。

莳绘

在众多用漆工艺技法之中，最珍贵的是日本独有的“莳绘”。它将金、银或珍珠粉末撒落到未干的底漆上，形成图案，然后用一层新漆定型。通过层层叠加，最终呈现出令人眼花缭乱的浮雕效果。

漆

92 和

“和”无疑是日语中最具代表性、意义最丰富的词。“和”指代“大和民族”，即日本，表达了日本人对自己和世界的看法。“和”也有“和谐”之意，体现了他们的理想和想要追求的社会模式。

几乎所有与日本、日本传统、日本文化相关的东西，都被冠上了“和”字。手工制作的纸，一度被称为“米纸”，现称为“和纸”；铺有榻榻米的房间被称为“和室”；搭配茶道的糕点被称为“和果子”。

这样看来，日本古称“大和”，也就很好理解了。汉字“和”体现了经人类劳动驯化后变得有序而温顺的大自然，与充满威胁和无法控制的“野蛮世界”相对。但更重要的是，“和”象征了民族大家庭的和谐，各成员和平相处，互敬互重，“小我”与“大我”融和，在集体利益中找到最高的实现。因此，“和”代表的是大和民族在历史洪流中，始终致力于接纳、融合不同，审慎地促进不同宗教、不同风格和不同行为的共存，以宽容的心态接纳不同，而非将其驯化或毁灭。

令和

鉴于“和”的美好含义，这个汉字经常出现在日本年号中。2019 年 5 月 1 日，德仁王子即位，改年号为“令和”。“令”（れい /rei）指“美好”；“和”（わ / wa）指“和谐”，取自日本古诗集《万叶集》。“令”来自于“令月”，意指美好的月份，即春天的第一个月。“和”来自动词“和らぐ”，表示风势减弱。因此，“令和”的意思是：寒冷的冬天终将过去，并化为春天里的一丝清风。

和

令和

93 侘寂

茶圣千利休认为，美的精髓是“外表粗糙，内在完美”，例如边缘有缺口的碗。这些物件，在制作时使用了极其复杂的工艺，但是现在却看不出一点人工的痕迹，仿佛浑然天成一般。同样，褪色、氧化、裂缝也是一种美，这些都是物体生命历程的见证。

“侘寂”所体现的就是这种美，这与西方传统美学相去甚远。最初，“侘”（わび/wabi）指的是一种心境，尤指苦行僧孤独与沉思的生活态度，他们与世隔绝，亲近大自然。“寂”（さび/sabi）指的是物体随时间流逝而逐渐劣化的品质。14世纪，禅宗将这两个词结合成了一个独特的概念，借指一种简单而质朴的美，一种刻意不完美的美，一种时光沉淀的美，一种历经内心沧桑后坦然面对万物转瞬即逝的美。

具有“侘寂”之美的事物都反映了这样一种现象：从虚无中诞生，最终回归虚无，在创造和毁灭一切的大自然里循环往复。因此，“侘寂”代表的不是事物的鼎盛时期，而是它尚未完成的样子，或是已经开始有微小的衰落迹象的时候。我们看到的是它回归虚无的过程。

“侘寂”之美绝不是对永恒、凝固、不朽的渴望，而是一种岁月逝去之美，富有深刻的寓意：它借助不完美，揭示了万物的本质——虚无。被氧化而失去光泽的银，被青苔覆盖着的石灯，被岁月扭曲的松树树干，褪色的真丝和服，手工制作的不完美的陶瓷制品，这些都向我们诉说着苍凉的侘寂之美。

侘·寂

94 黑帮

20 世纪 60 年代是日本黑帮的黄金时代，黑帮总人数达到了 18 万，虽然如今数量锐减，但日本仍旧是全球犯罪活动组织性最强的国家之一。

黑帮的日语“ヤクザ”由 8（ヤ /ya）、9（ク /ku）、3（ザ /za）组成，象征了日本纸牌游戏“巴加拉纸牌”（おいちょかぶ /Oicho-Kabu）中的总和 20 以及输掉的手。黑帮也称“极道”，其成员喜欢自称为“侠义团体”，而警察则称其为“暴力团体”。黑帮组织可能起源于江户时代的“博徒”和“的屋”，即专业赌徒和街头小贩。日本法不设犯罪集团组织罪，所以黑帮是合法的，各帮派都有自己的办公室。

凭借严格的家族和等级制度，日本黑帮在 20 世纪蓬勃发展，他们管理黑市，通过打击外裔犯罪团伙博得了日本民众的好感。黑帮成员中有许多韩国裔和缅甸裔，他们向那些被社会边缘化的人伸出了援助之手。黑帮事业随着日本经济的发展而发展，势力范围甚至触及了金融和建筑领域。20 世纪 90 年代初经济泡沫破裂时，黑帮充分显示了他们在公司清算和信贷回收方面的催款能力。

众所周知，警察与黑帮之间存在合作的关系，日本警察也总是宣称，有组织的犯罪比无组织的犯罪好。然而，这种默契在 20 世纪 90 年代开始瓦解。2007 年，长崎市市长被一名黑帮头目暗杀，导致了警察对黑帮前所未有的镇压和黑帮势力的削弱。

黑帮成员可以通过断指和大面积的刺青辨认。刺青的过程非常痛苦，需要通过针管将墨水针注入皮肤内，这既证明了刺青者有一定的经济实力，也证明了其极强的忍耐力。

ヤクザ

95

山伏

“山伏”，即“山中伏居”，指的是在森林或是大山修行参悟的僧侣。他们离开乡村或寺院，来到大山深处，寻求超自然的力量，治愈那些需要帮助的人的身体和灵魂。

为了培养非比寻常的身体和心理能力，山伏必须遵守严格的戒律。首先是断食，然后是断水。此外，还有一系列伴随着手势、咒语和法术的催眠练习。但最艰巨的两项考验是在极端寒冷和炎热的条件下保持自我控制的能力：隆冬的时候在瀑布下冥想，以及在滚烫的煤炭上行走。根据日本传说，山伏的导师是深山恶魔——天狗，天狗将变形、意念位移、治病救人、武术等技能教给山伏，直至其成为不可战胜的战士。

修验道

山伏属于修验道，这是一种融合了萨满教、神道教、佛教和道教的宗教，可以追溯到8世纪的役行者小角（飞鸟时代至奈良时代的知名咒术师）。该教派的行为举止和教义严格保密，以口头形式代代相传。每年夏至或秋分之夜，他们都会在熊野、吉野和山形县的出羽三山上举行修验道的仪式和集会。

頭巾
头巾：一种头戴饰物，也可以用来过滤饮水
最多角念珠
刺高念珠：108 粒串珠
結袈裟
结袈裟：佛教徒法衣
鈴懸衣
铃悬衣：麻布束腰外衣
金剛杖
金刚杖：锡杖，住持所持之物
檜扇
绯扇：柏木扇
手甲
手甲：一种套在手背上的武器

山伏

96 真心话与客套话

“本音”（ほんね /honne）和“建前”（たてまえ /tatemae）是两个最能体现日本人性格的词语。“本音”的意思是真心话，“建前”的意思是客套话、场面话。

“暧昧”是日本人的一个比较显著的民族特点，他们通常不会把自己真实的想法说出来，而是需要你根据场合去猜测他们到底说的是真心话还是客套话。他们认为，这种说话法既给对方留了余地，又表达了自己的立场，至于对方有没有接收到他们内心真实的想法，那就看你的领悟力了。

日本人最怕打扰和麻烦别人，对于给别人造成的很小的麻烦，都会鞠躬道歉，形成了一种“道歉”文化。“打扰了”“对不起”“托您的福”几乎是日本人的口头禅。例如，当你去商场买东西，在看了很多货品之后却没有购买，售货员依

本音と建前

然会笑着道歉道："没能让您买到满意的商品，真是给您添麻烦了呢，谢谢您的光临。" 初到日本的外国人会觉得这是一个非常有礼貌且谦逊的国度，其实这只是他们的客套话、场面话。

在日本，学会说客套话、场面话既是一种基本礼仪，也是提升人际关系的重要法则。不过当西方人了解了日本人的这种性格之后，知道"下次见"只是社交辞令时感觉还是蛮失落的。

97 妖怪

日本民间传说中有许多妖怪的形象，有的可怕，有的可怜。动画、漫画和恐怖电影将它们重新搬上舞台，并设置了新的故事背景。几乎所有的妖怪都亦正亦邪，这样的设定除了这是人类的本质外，还因为几个世纪以来，它们多少被“驯化”了，例如“河童”和“天狗”，他们既体现了人类对大自然及其灾难的恐惧，也体现了人类对大自然的征服：善用自己的力量，成为自然的强大盟友。“恶鬼”（日本神话里拥有超人力量的恶魔）同样是个矛盾体，它既是地狱的行刑官，又是正义的守护者。

在这些妖怪传说中，女性人物也以难以捉摸的形象出现，由此产生了一大批怪物：如山中女巫“雅曼巴”，美艳的旅行杀手雪之女王“雪女”，还有头发里藏着第二张嘴的“二口女”。甚至日常生活中让人安心的小物件也可能变得怪异：陈旧的阳伞、酒囊或是茶壶，突然复活，改头换面，变成了“付丧神”，如“伞鬼”。这把令人不安的遮阳伞长着一只眼睛，原本的伞柄变成了一条腿。许多妖怪是介于野兽、人与鬼之间的变异物种。“猫妖”，长着两条尾巴，能够招魂卜卦。“大神”是一匹神隐之狼。“狐妖”，一只能将自己幻化成美女的狐狸，专门魅惑经过的路人，再将这些可怜蛋们吃掉。

狸猫

日本传说中最受欢迎的妖怪非狸猫莫属。狸猫是一种貉，类似浣熊，喜好恶作剧，是无数故事的主角。如今狸猫常常被制成护身符，巨大的睾丸是最独特的标志，它时而像袋子一样被背在肩膀上，时而被变幻成鼓的样子。

妖怪

98 幽玄

在塑造日本文化的所有美学概念中，“幽玄”无疑是最复杂、最难以捉摸的一种，它描绘的是一种无形的、神秘的美。“幽玄”（ゆうげん /yugen）的“幽”意为“半透明的，模糊的”，“玄”意为“深邃的，晦涩的”。伟大的能剧剧作家世阿弥（1363 － 1443）对于这个美学概念给出了最令人满意的定义，他提倡布置舞台时应当做到“小而精”，观众可以凭借自己的想象力将舞台转变成海滩或战场，演员的一举一动背后都富有深意，即便是没有旋律的伴奏也起着关键性的作用。舞台布置用到的所有元素都是为了凸显“幽玄”之美，即遵循“部分揭露”的原则，让事物的真相若隐若现。世阿弥写道，“当演员经过对内心的严格修炼，成功地超越了技术上的层次，甚至能够在内心与角色进行不可言喻的交流时，能剧之‘花’就会绽放”。

在戏剧、诗歌等艺术形式中，“幽玄”是一种类似禅宗启蒙的体验，可以让观众感受隐藏在形式背后的本质深意。因此，最能体现“幽玄”之美的是一幅描绘着在秋日雾气中若隐若现的岩石山峰的水墨画。浓雾背后雄伟壮阔的山峰无法靠任何线条呈现，只能靠人们的想象去意会。

在感官所能感知的表象现实之下，存在着另一种更深层次、更神秘的现实，必须通过直觉才能体会，而能够以微妙和间接的方式呈现事物最隐秘的本质的人，便掌握了“幽玄”之美。

幽玄

99 友禅

“友禅”是一种日本的印染技法，主要用于制作仪式和服的装饰图案，由江户时代的宫崎友禅斋在京都发明。“友禅”包含二十多道工序，每一道都由专人负责，染色时，需将染料与大米淀粉混合，灌注到纸质模具里，避免串色。每个产区都在工艺和图案上进行创新，形成了各自特有的印染法。

京都的“京友禅”是最古老、最著名的友禅，采用特色的刺绣、金箔和银箔制成奢华图案。“加贺友禅”来自金泽，其特点是图案更写实，颜色更浅，阴影更大。东京的“江户友禅”则体现了简洁朴素的风格，所有工序均由一人完成，最受欢迎的图案是松树、船只和沙滩上的苍鹭。无论哪种友禅，都是项浩大的工程，工匠需要花费数日才能完成，他们将各自的技能代代相传。

友禅

扎染

扎染，日语中被称作“絞り”（しぼり /shibori），是另一种传统的染色工艺，至少有 50 种变体，其中一些可以追溯到 1300 多年前。布料经精心捆扎、缝合后浸入染料中，被缝合的部分保持布匹原本的白色。最常用的染料是靛蓝，它与未染色部分的白色结合得恰到好处。在它的众多变体中，有“武川扎染”，其特点是用竹片将折叠后的织物夹住，以形成留白效果；还有“木桶扎染”，通过将布匹放在木桶中实现部分印染。许多日本设计师都受到友禅和扎染启发，如山本耀司，他经常在作品中使用这两种工艺。

100 禅

在塑造了日本文化的各种概念中，“禅”的影响最为深刻。早在 12 世纪末，荣西禅师带着禅学从中国回国时，日本就已经建立了其他佛教学校。年轻的道元禅师也曾远赴中国学习禅学，两位禅师一起在日本传播佛学的新理念，在中国禅学的基础上创立了日本禅宗。荣西禅师创立了临济宗派（目前最流行的宗派），道元禅师创立了曹洞宗派，两者均专注于冥想。禅宗强调自律、朴素、实践，强调行动对思想的重要性，并认为实践得来的经验胜过一切说辞和抽象的思想。武士阶层被这种理念深深吸引，纷纷加入修炼禅宗的行列之中。

20 世纪初，极端民族主义者将禅宗变成了军事政权的工具，禅宗的发展也到达了新高度。当今日本社会所特有的相互尊重与和谐相处氛围，很大程度上源于禅宗教义。正是因为禅宗，在书法、陶瓷、花道等日本传统艺术中，才会如此推崇极简主义、不规则之美……虽然经历了几个世纪的交替，但它从未停止对日本文化的方方面面产生潜移默化的影响。

⛩ 坐禅

“坐禅”指的是以莲花或半莲花的坐姿，清空大脑，专注于呼吸地冥想。坐禅的方法和目的因流派而异，但无论何种流派，“参悟”都是通过放弃“自我”并努力与外部世界融合而实现的。

然而，意识到万物都是一体的，并不是通过理性地学习，而是要求修炼者的身体和精神都能获得包罗万象的体验。

禅

inn earth®
地球旅馆
出品

捧读文化
触及身心的阅读
全国总经销

出品人 张进步 程 碧

特约编辑 孟令堃
内文排版 捧读文化·冯紫璇
封面设计 陈旭麟 @AllenChan_cxl

新浪微博

微信公众号

出版投稿、合作交流，请发邮件至：innearth@foxmail.com
了解新书，图书邮购、团购、采购等，请联系发行电话：010-85805570